2000店舗で実績

売上が伸びる
手書きPOP

経営コンサルタント
井口裕子

かんき出版

まえがき

ＰＯＰは、売上を伸ばす「最強のツール」です。

以下が、最強である「理由」です。

- お金がかからない（紙とペンさえあれば十分）
- 時間がかからない（1枚3分もあれば書ける）
- すぐに結果が出る、つまり売上につながる（1週間もあれば動きが変わるはずです）

ポイントさえつかめば、ＰＯＰは誰でもすぐに取り組めます。

そして、忘れてはいけない大きな効果として挙げられるのが、

- 現場のモチベーションアップに役立つことです。

ＰＯＰを付けると、ダイレクトにお客様の反応を見ることができます。自分の書いたＰＯ

Pにお客様が目を留め、商品に手を伸ばし、買っていただくと、自分の仕事の結果を体感することができる。お客様に喜ばれていることを知れば、お店で働く意味が見えてきます。

そうやって**POPを書くことで、現場スタッフの「やる気」「やりがい」につながり、ポジティブな気持ちで仕事に向き合うことができる。**

結果、リーダー職を担うスタッフも多く出てくるでしょう。POPの持つ可能性は、本当に計り知れません。

私の経歴についてお話ししておきましょう。私が、初めてPOPを書いたのは、今から18年前。前職である船井総合研究所に入社したばかりの4月のことでした。今でこそ新卒学生を数多く採用するコンサルティング会社となりましたが、当時はたたき上げの中途採用者が多く、どのコンサルタントも実際にプロフェッショナルな人ばかりでした。

実際に魚をさばけたり、店舗の建築図面を見ただけで的確に素材を指示できたり、菓子をひと口くちにすればどの原料を何グラム増減したらいいかわかるなど、職人のように、その世界を追究している人ばかりでした。

そんな中、私は旅館業を専門とする先輩コンサルタントにつき、その現場で初めてPOPに出合いました。

[POPは、お金をかけずに、すぐできる！]

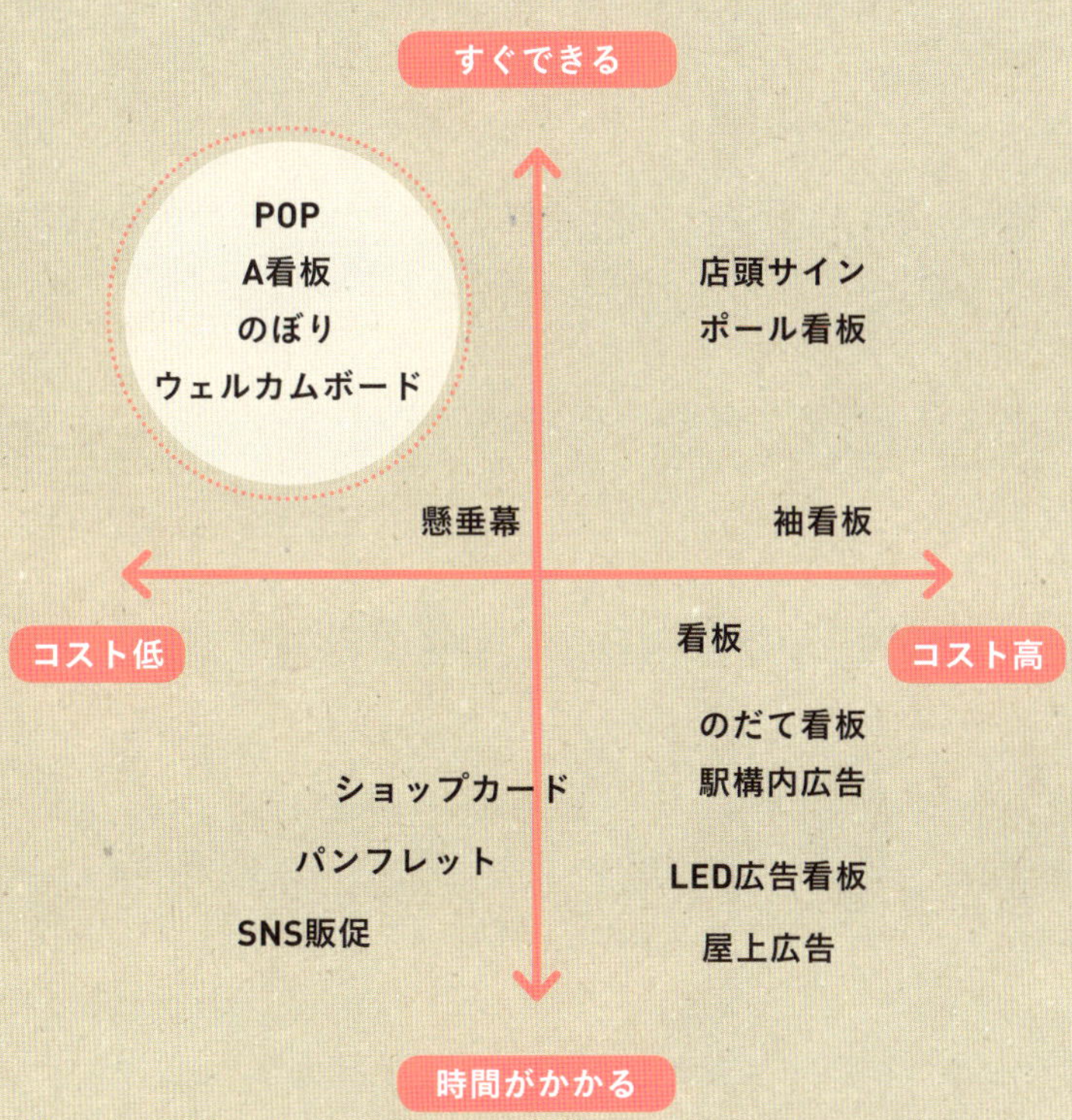

以来、セミナー、コンサルティング、講演、書籍を通して、18年間で延べ2000店舗以上、3000人以上の現場スタッフに「売上アップ」「業績アップ」を実現するPOPのノウハウを伝えてきました。**本書でまとめたPOPのノウハウは、これらの方々とのやりとりを通じて、培ってきたものです。**

「イラストなんて描けない」「文字も下手だから気が進まない」「キャッチコピーを考えるのが面倒だ」……。本書は、そういったPOPにまつわる苦手意識をクリアにしていく工夫もしています。ぜひ、読み進めていただき、実践してみてください。

〈現場のスタッフの方へ〉

まず、POPを書く商品を自店から1つ選びましょう。本の中からモデルになりそうなPOPを選び、それを真似して書いてみてください。

POPを商品に付けて1週間も経てば商品の売れ行きが変わるのがわかると思います。その結果を見届けたら、次の商品にも付けてみましょう。

そして、書くことに慣れてきたら、「早書きPOP」にチャレンジしてください。

どれだけ短い時間で高い効果をねらえるか、という生産性は大切です。

ＰＯＰを１枚当たり２〜３分で書けるように目指してください。

〈店長・オーナーの方へ〉

ぜひこの本を、「書いてみてくれないかな？」とひと言添えて、現場スタッフに手渡してあげてください。そして現場スタッフが書いてくれたら、ぜひフィードバックしてあげてください。売上がどう動いているのか、どんなＰＯＰならもっとお客様に喜んでもらえそうなのか、どのようなお客様がこの商品に興味を持ってくれるのか。そういった対話が現場に生まれると、スタッフは自ら進んで売上アップのために動いてくれます。

対話があふれるお店からは、お客様も離れないでしょう。

さあ、１枚の紙とペンから始まる、みんなが幸せになれる「売れるＰＯＰ」の世界へご案内しましょう！

２０１７年７月

井口裕子

『売上が伸びる手書きPOP』もくじ

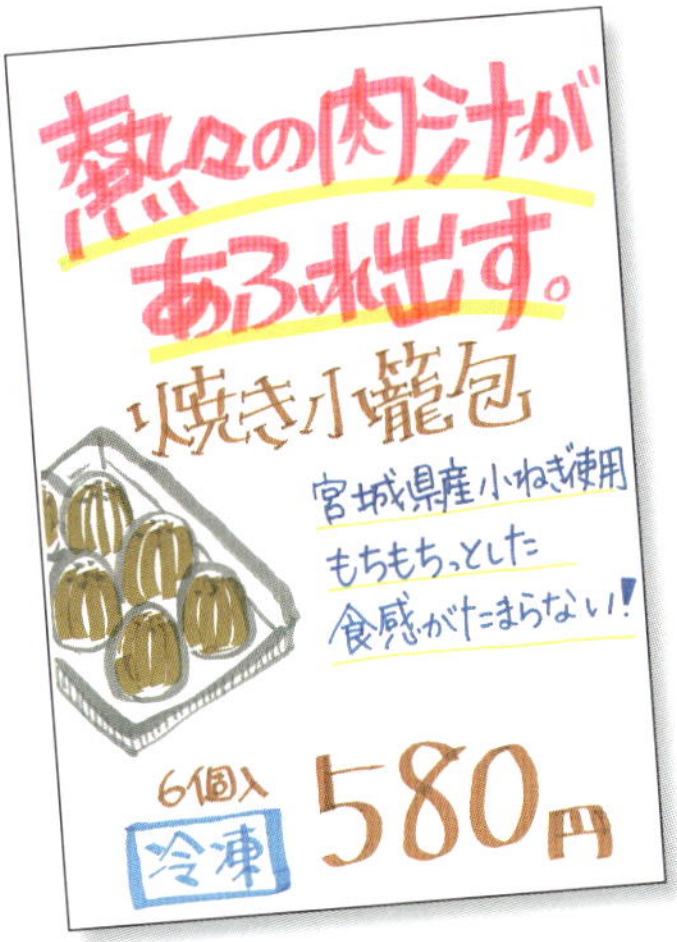

熱々の肉汁があふれ出す。
焼き小籠包
宮城県産小ねぎ使用
もちもちっとした
食感がたまらない！
6個入
冷凍
580円

四国に来たお土産に
温泉まんじゅう
部屋で出しているおまんじゅうです。お土産に喜ばれます。
一〇八〇円

第4章

売れるひと言が見つかる！7つの質問

第5章 「文章はムリ…」という方に朗報！絵で売るPOP

第6章 POPの世界の色づかい

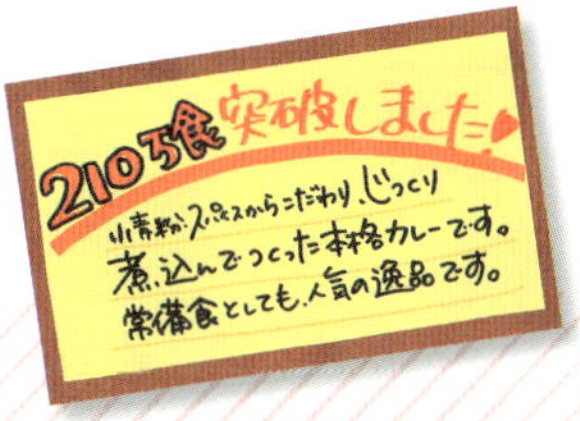

第7章 200%活用する! POPの付け方・置き方

第8章 あのお客様の心をつかむ! 客層別・書き分け

子どもの最高の笑顔が
ウーンッ 見れちゃうシリーズ！
「ひとりでうんち できるかな」
この絵本を読んでから、とってもうれしそうに「うーん！」とトイレでうんちを頑張りだしました！

できあがったばかりのあられです！
お土産に喜ばれてます。
みやぎといったら蔵王!?
地元の蔵王バターと目の前の田んぼで育てたお米でつくったあられです。
蔵王バター
塩とバターのハーモニーが！手がとまらない美味しさです。
1袋 391円

ブックデザイン：五味朋代（フレーズ）
イラスト協力：土屋和泉

第1章

売上を伸ばすPOPのゴールデンルール

1

ゴールデンルール1

3秒でわかるキャッチコピーがある

3秒で何を読ませるのか？

宮城県に店舗を構えるベーカリー「パレット」には、「青豆パン」という一日300本以上売れる大人気商品があります。

そんな強いアイテムを引っ下げて、隣町に2店舗目を出店したのですが、青豆パンの売上は思ったほど伸びませんでした。

調べてみると、新店のお客様は青豆パンを全く知らないにも関わらず、スタッフがその情報を伝えていなかったのでした。一店舗目では人気があったため、「みんな知ってるよね？」と思い込み、置いていれば勝手に売れると判断していたのです。

そこで**『昔からの人気』『1番人気です』**と書いたPOPを店頭入口と商品のそばに付けたところ、あっという間に2倍売れるようになりました。

多くのお客様は**POPが付いて初めて商品に気づき、人気の商品ということも理解した**のでした。

たった「ひと言」で心はつかまれる

商品の「売り（特徴）」を短文で伝えるのがキャッチコピーの役割です。お客様は、商品の前をわずか数秒間で通り過ぎます。その数秒間でお客様の目を留め、足を止めさせるために、キャッチコピーは存在します。

通り過ぎる数秒間で読める文字数は25〜30文字。その限られた文字数で、お客様の興味関心を惹きます。「みんな知ってるし」「見ればわかるでしょ」と言っている間は、どんなにいい商品でも青豆パンのようになかなか買ってもらえません。

みなさんのお店のPOPに魅力的なキャッチコピーは書かれていますか？　キャッチコピーの書き方については、第4章で詳しく触れています。

売れるPOPには、魅力的なキャッチがある

❶ 1

1番人気であることを明確に伝えることが大切です。

かつて販売していた商品を、「昔から人気」と短いキャッチを入れて「復活」させたところ、元々のファンはもちろん、初めて人も喜んで購入されていました。

1 2

ゴールデンルール2

余白が少なく情報がぎっしり詰まっている

紙面の空白は10％以下！

「売れるＰＯＰ」には余白がほとんどありません。文字、イラスト、価格が大きく書かれているので余白が少ないのです。

前項で、お客様に3秒で商品に気づいてもらうことが必要だと述べましたが、とは言え情報の少ないすかすかしたＰＯＰでは、お客様の興味を惹くことはできません。

お客様の目が惹かれるのは、情報がぎっしりと詰まったＰＯＰ。無駄な余白がない分、たくさんの価値があるのだと感じていただけるのです。

宮崎県の新緑園《しんりょくえん》という県内売上ナンバー1のお茶専門店では当初、余白の多いすっきりしたＰＯＰを展開していました。商品説明も書いていたのですが、お客様はＰＯＰに全く興味を示さず、読んでいただけていませんでした。

そこで、キャッチコピーを研究したり、イラストを使ったり、文字の書き方も変えて、左ページのような「ぎっしりＰＯＰ」へとシフトチェンジ！　すると、お客様はＰＯＰに興味を持つようになり、結果的に、売上が3倍近く伸びました。

情報を増やして余白を少なくしよう

どんなＰＯＰでも、**最後に上手く見えるかどうかを決めるのは「余白の有無」**です。私は、売り場ではできるだけ余白を残さないよう指導しています。余白があると、「貧弱」に見えます。「貧弱さ」というのは、買いたい気持ちを萎《な》えさせ、迷いを生じさせるものなのです。

文字の大きさ・太さにメリハリを効かせるなど、レイアウトを整え、見映えをよくするには、コツがあります。これらは、第3章でまとめています。

売れる POP には、余白が少ない

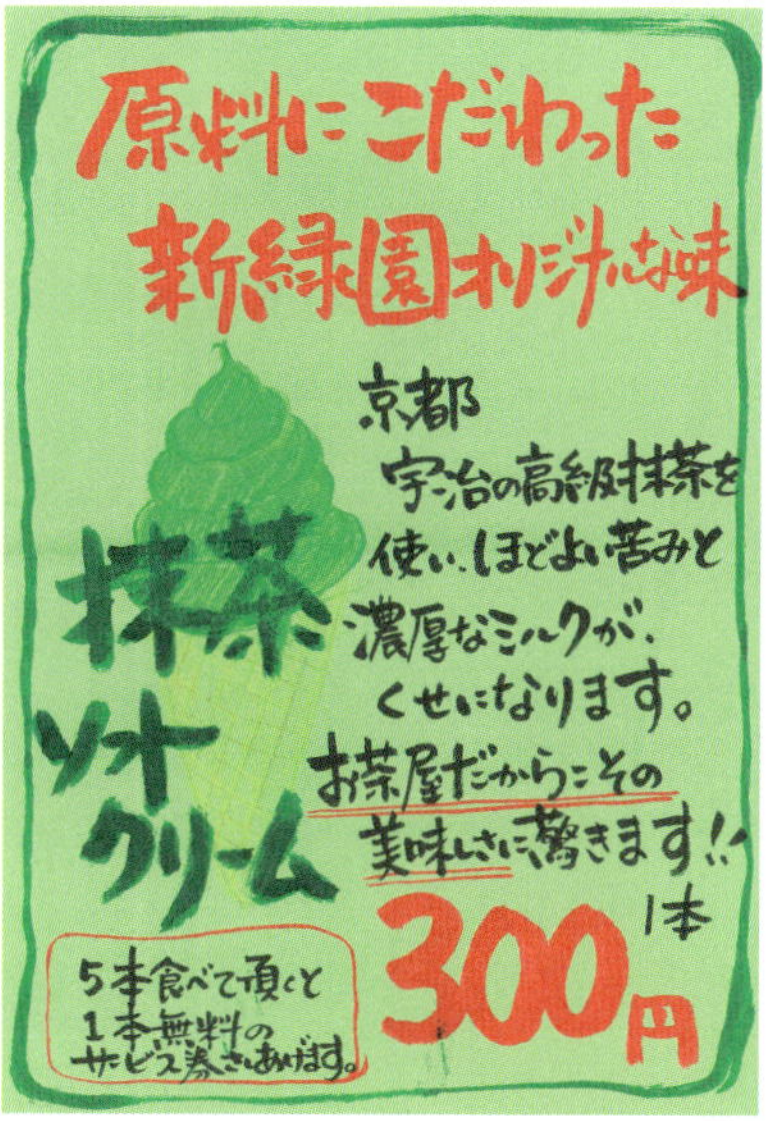

余白が少ない「ぎっしり POP」を店内に多く付けることで、価値ある商品がたくさんあるように感じてもらえる。

健康茶ひとつとっても、伝えたい情報はたくさんあります。キャッチを大きく書き、メリハリを意識しつつ、「ぎっしり POP」で魅力を伝える。

POP に、もう 1 枚「切り抜き POP（詳しくは 50 ページ）」を付けることで、情報量を増やしつつ、余白を少なくしている POP。

1 3

ゴールデンルール3

店内にPOPをたくさん付けている

繁盛店には、POPが多い

中高年の女性に人気を集める「おづつみ園」という お茶専門店が埼玉県にあります。店内の商品在庫量は圧巻のひと言。「今の時代に茶葉を買う人って、こんなにいるんだ」とつぶやいてしまうほど、何袋もどっさり買われるお客様が多くいらっしゃいます。

以前、この店舗では1商品につき1枚のPOPを付けていました。しかし、ある時から1商品に何枚ものPOPを付けたり、別の情報を切り抜きPOP(50ページで詳述)として付け足したり、POPを店内のいたるところに付けて、たくさんの情報を発信するように切り替えました。

その結果、一人当たりの買上げ点数がアップし、客単価が高まったのです。

情報量が増えると、長居してくれる

情報量が多いと、お客様は店内に長く滞在するので、たくさん買っていただけます。それを実現するためにも1商品につき1枚のPOPではなく、多数のPOPを付けます。だから、**繁盛店はPOPだらけなのです**。

おづつみ園でのお客様の買い方を見ていると、POPの前で足を止めると、一度はその場を離れますが、店内をぐるりと一周して、**またそのPOPの前に戻ってきます**。「やっぱり買っていこう」と思い直すのです。

POPで、商品についての記憶を長く留まらせ、余韻を残す。即断即決ではなく、このような買い方もあります。これが日本有数の売上を誇るおづつみ園のPOP戦略です。

書き上げたPOPの上手な活用法については、第7章でまとめています。

繁盛店には POP がたくさんある

1-3

1 商品シリーズに多数の POP

まず 1 枚 POP を書き、付ける。その後に思い出した情報や伝えたい情報を付け足していけばいい。

1 つ POP を作って貼って、思いついた情報（ここでは 4 種類から 1 つ選べるという情報）を後から付け足す。

1 4

ゴールデンルール4

イメージしやすいイラストがある

イラストはイメージを膨らませる

年間5万人が訪れる四国にある旅館でのエピソードです。この旅館の売店では、部屋出ししているお饅頭や大浴場に置いているパックを販売していました。当初は、メーカー支給の写真入りPOPをそのまま付けていたのですが、思ったように商品が売れません。

そこで、「お土産に人気がある」「あんこたっぷりで美味しい」ことを伝えるイラストを入れたPOPに付け替えたのです。周りからは、「商品サンプルもあるし、お部屋にも置いているから、手間暇かけて書かなくてもいいのでは?」という声もありましたが、結果としては、販売個数が1.5倍に増えました!

リニューアルよりも簡単で効果的

ぜひPOPにイラストを描いてみてください。イラストがあると、商品をどう使うのか? どんな味わいなのか? をイメージしやすくなり、売れる確率が高まります。

写真は見たままを正確に伝えてくれますが、実物以上のものを表現できません。**イラストには、想像力を掻き立ててくれたり、商品の売り(特徴)を強調して伝えられるメリットがあります**。

また、お客様のイメージを膨らませるだけでなく、イラスト付きのPOPには、**「売り場を明るい雰囲気に演出できる」効果もあります**。ある高級ゴルフ練習場では、入会をご案内するPOPにかわいいイラストを用いて、敷居を下げています。

イラストなんて上手く描けない。そう思う方のために、悩まずに描けるパターンを第5章でたくさん用意しました。イラストに商品の魅力を語らせる手法も解説しています。ぜひ試してみてください。

売れるPOPには、イラストがある

1-4

目新しい情報はなくとも、POPにイラストがあるだけで、注目度が高まる。

お土産を渡すシーンをイラストと一緒に伝えると効果は絶大。

1 5

ゴールデンルール5

手書きPOPでお客様の心をつかんでいる

パソコンと手書きと使い分けよう

「POPは、パソコンと手書き、どちらがいいですか？」という質問をよくいただきます。答えは、「どちらでも大丈夫！」です。でも、「繁盛店には手書きPOPがたくさんある」ことを知っておいてください。**手書きのほうが「温かみ」や「親しみ」が伝わりやすく、お客様が安心してお買い物される雰囲気をつくれる**のです。

埼玉県にある地域ナンバー1の小麦専門店「つむぎや」では、「手書き」と「パソコン」を商品ごとに使い分けています。定番商品の内容量や賞味期限などの情報はほとんど変更がないので、パソコンPOPを使用しています。一方、非定番商品・仕入商品には、手書きPOPを使っています。現場スタッフたちは、季節限定の商品や新商品などが入荷する都度、試食して意見交換を行い、POPに活かしています。繁盛店には手書きPOPが多いだけでなく、**スタッフ同士の意見交換も活発**なのです。

文字に自信がなくても大丈夫！

今までパソコンによるPOPばかりだった店舗は、手書きPOPにもチャレンジしてみてください。現場スタッフだからこそ、お客様の心をつかむ言葉が思い浮かぶはずです。

現場スタッフは、最もお客様に近く、お客様の声を一番耳にしています。お客様の率直な意見や感想を知っているはずです。実際に多くの繁盛店では、現場スタッフがPOPを書いています。

文字に自信がなくても、安心してください。本書の特典として、POPに適した文字を上手に書けるようになる「練習帖」を設けています。ぜひ、そちらを参考に手書きPOPにチャレンジしましょう。

繁盛店は、手書きPOPを使っている

1 5

手書きPOP

非定番商品は、現場で試食をしながら手書きでPOPを作成している。仕入れたらすぐに店頭に付けることができるのも魅力。

スタッフ自身の感想をすぐに商品説明に活かせるのも、現場で手書きPOPをつくる魅力の一つ。

パソコンPOP

定番商品などは、写真入りPOPをパソコンでつくると、いつでも新しくきれいな状態のPOPを用意できる。

第2章

なぜPOPを付けると売上が伸びるのか

2 1

売上アップの方程式を知る

売上を分解する

売上は「客数」と「客単価」の掛け算で決まります（左頁参照）。売上を伸ばしたければ、客数と客単価を上げる方法を考え、それを行動に移します。その成果を飛躍的に高めるのが「POPを付ける」ことです。

客数を増やすPOPは、2通りあります。1つは、**入店客数を増やす「集客」のPOP**（A）。店舗の前を歩いているお客様が思わず入店したくなるような内容（イベントやセール）を伝えるPOPです。

もう1つは、入店されたお客様に、より確実に買っていただくための**「買上率（お買上客数÷入店客数）」を高めるPOP**（B）です。単なる商品説明ではなく、読んだときに「ほしい」と思っていただく内容をPOPに書きます。

客単価を上げるPOPも、2通りあります。1つは商品の「良さ」を伝え、できるだけ高価格なものの購入を促すPOP（C）。もう1つは、レジ前などでよく見かける「もう一品」買っていただくことを促すPOP（D）です。

注目度の高いPOPが売上をつくる

お客様の店内での滞在時間が延びると、お客様の消費金額は上がるという小売業のセオリーがあります。POPを見て、足を止めてもらうことで、お客様の滞在時間は延びていきます。

ある「道の駅」では、手書きPOPを戦略的に付けていったところ、平均滞在時間が2分間延び、売上も1.2倍になりました。これはキャッチ・文章・色使い・イラスト（写真）を工夫した結果です。

それでは、客数と客単価を上げるための、POPの力をご紹介しましょう。

2 1

POPでお店の数字を積み上げる

売上アップの方程式

売　上＝客　数×客　単　価

客数（入店客数×買上率）

客単価（買上一品当たり平均単価×一人当たり平均買上点数）

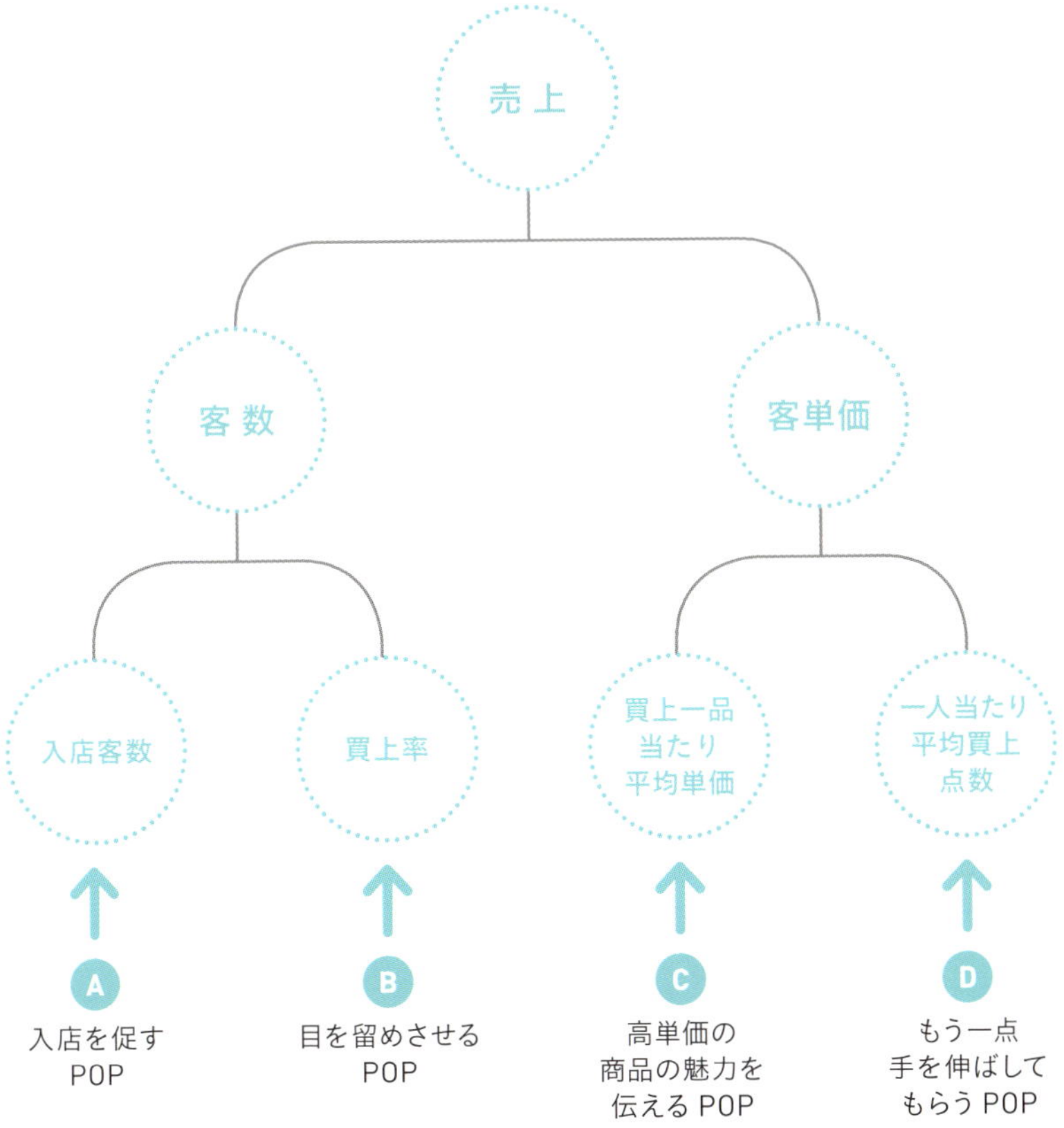

2 POPは客数を増やす

「売れている活気」をつくろう

人が集まるお店には「活気」があります。活気とは、お客様に入店した瞬間「いいお店だな」「流行ってるね」「何かいいものがあるかも？」と感じていただくための雰囲気のことです。活気がある店舗に人は集まります。

「活気」をつくるには、①商品の店頭在庫量を増やす、②POPを付ける、ことで実現します。

お客様は「たくさん商品がある売り場」から自分のお気に入りを見つけたいと考えています。「（商品が）密集した売り場」は、その気持ちを満たしてくれるものです。もし店舗が、商品がたくさんあるように感じられない場合は、今よりも在庫を店頭に出してみましょう。売り場全体の密度が高まり「何か見つかりそう」と期待を感じていただけます。

店頭在庫を簡単に増やせない場合は、POPを増やしてください。POPを、1枚2枚と足すことにより、売り場空間の密集率が高まり、店頭在庫を増やすのと同様の効果が見込めるのです。

活気を「変化」で保つ

活気づくりで大切なことは「変化」です。POPを定期的に付け替えることで簡単に変化を保てます。特にお客様の来店頻度が月2〜3回ぐらいの業種の店舗では1カ月おきに新しいPOPの付け替えに取り組んでみましょう。

「高い密集率」と「変化し続けること」は、売れる店舗経営の鉄則です。どんなに良い商品でもこれがなければ、なかなか買上にまで至りません。POPの数を増やしたり、入れ替えたりすることで、店内の売れる活気をコントロールしましょう。お客様が途切れない「売れる店舗」につながります。

POPで売り場に活気をつくる

2-2

この空間に目の留まるPOPがないため、「商品がたくさんある」ように感じられない。

BEFORE

POPが少ないと、売り場の密度が低く、活気が感じられない。

AFTER

POPが増えることで売り場の密度が高まり、活気が生まれる。
店内に入った瞬間に活気を感じられるかどうかチェックしよう。

2

3 POPは買上率を高める

お客様を惹きつける場所をつくる

私たちのお買い物は「見る」ことから始まります。しかし、どんなに魅力的な商品が陳列されていても、「見てもらえるかどうか」は時の運。本項では「運」を味方にするためのPOPの使い方をご紹介します。「見てもらう」ポイントを総称して「マグネットポイント」と呼びます。**お客様の視点を集め、買い物の流れをつくる起点となる売り場です。**

たとえば、スーパーでは通路を歩くと各棚の入口部分（エンドと呼びます）に必ず特価の袋菓子があります。ジュエリーショップではガラスケースの中央部分に必ずシーズンものが、ドラッグストアでは入口近くに季節のお悩み商品（花粉症薬、かゆみ止めなど）があります。これらがマグネットです。入店したお客様は、まずマグネットに目を留め、そこから「次へ」と視線を動かし商品に手を伸ばします。**マグネットポイントの展開箇所数に比例して、買上率が高まっていくのです。**

マグネットPOPはテーマを大きく

マグネットの場所には必ず「マグネットPOP」を設置します。「サイズ」と「テーマ」を意識してつくりましょう。「テーマ」が大きく、明確に書かれていれば瞬時に目を向けてくれます。スーパーで「大特価!」「地元野菜コーナー」といったPOPがあるのはそういうわけです。**マグネットPOPは、店舗側からの「ここを見て!」という強いメッセージ**なのです。

A《ア》I《イ》D《ド》M《マ》Aの法則という、お客様がお買い物をする際、必ずたどる心の動きがあります。POPは、アイドマの最初の部分、「商品を認知する（＝見る）」きっかけをつくるものなのです。

「マグネット」にお客様は引き寄せられる

購買心理を表す「AIDMAの法則」

Attention	注意を惹く
Interest	関心を持つ
Desire	ほしくなる
Memory	比較・検討する
Action	買う

最初の2つが特に大切なPOPの役割。見てもらわなければ買っていただけない。いまの売り場やPOPで「見て」もらえるか?確認しよう。

80万本を販売した人気商品を、入口前のマグネットポイントとして展開。入店したお客様全員が目にするパワフルな売り場づくりとマグネットPOP。

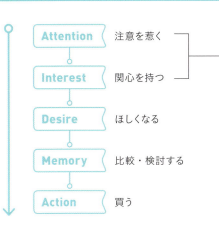

2

4 POPは客単価を上げる

お客様は商品に触れてから決める

あなたはお買い物の際、商品を手に取りますか？ 野菜でもボールペンでも、手に取って、表、裏、横と商品に穴があくほどに見つめ「これにしよう！」と決める人も多いのではないでしょうか？

実は**「いかに商品を触らせるか？」という発想は、買っていただくための大切な考えです**。商品に手を伸ばし、触れると「安心感」が生まれ、自分にとって必要か、そうでないか肌感覚で理解できます。人によって「やっぱり違う」「なんかいいかも」となるでしょう。頭で考えるだけでなく、実際に触れることで選ぶスピードが速まるのです。**触れる機会が増えれば増えるほど、意思決定が行われ、買上率が高まり、客単価も上がります**。ネットショッピングでは「触れる」ことはできません。お店では、「触らせたもの勝ち」と言っても過言ではありません！

手を伸ばしたくなるPOPとは

思わず手を伸ばしたくなるPOPのつくり方を説明します。

1つめは、「商品を使っているイメージ」を描くことです。使用時を想像できると、安心してお買い物の選択肢に入ります。たとえばベッドならば寝ている姿の写真が有効ですし、化粧品ならばパックしている女性の顔のイラストが有効でしょう。

2つめは、「手にお取りください」などの**具体的な「許可の言葉」をPOPに書くこと**。また「見本」や「試食品」をPOPの側に置くとよいでしょう。

そして3つめは、商品の陳列を少し「不揃い」にすること。整然と陳列されているよりも、雑然としているほうが気軽に手を伸ばせるからです。商品の上にPOPを置くだけでも、「不揃い」になります。

思わず手が伸びてしまう「仕掛け」をする

2-4

商品の上にPOPを置くと「不揃い」に見えるため、手を伸ばしやすくなる。
POPに、お客様の琴線に触れるようなキャッチがあるともっといい。

「試食品」は、商品の隣に置く。清潔感が大切です。

第3章

売れるPOPを書いてみよう

3-1 売れるレイアウトとは？

一番目立つ所にキャッチを書く

売れるPOPの構成要素は、次の5つです。

1：キャッチコピー（キャッチ）
2：商品名
3：商品説明
4：写真、もしくはイラスト
5：価格

よく「商品名」が大きく書かれたPOPを見かけますが、それよりも**「キャッチ」を大きく書いたほうが売れます**。テレビCMなどを使った話題の商品や誰もが知っている人気商品であれば「商品名」を大きく書くことで売れますが、そうでなければ特に効果は望めないということです。

いかに商品を見てもらうか、足を止めてもらうか、手を伸ばさせるか。そういった行動を促すひと言が「キャッチ」です。**キャッチを読むからこそ、その下に書かれた「商品名」も自然と目に入る**。よってPOPには、「キャッチ」に多くの面積をとります。文字数は25〜30字程度を目安にしてください。一文で仕上げるのが理想です。

縦型でも横型でもいい

キャッチには、縦型でも横型でもスペースの3分の1を使います。「縦型と横型どちらがいいですか？」と度々聞かれますが、商品の展開面積によって異なります。1商品当たりの幅が大きく展開できている場合は、「横型」がいいでしょう。横幅が大きいぶん存在も大きくなり、お客様が立ち止まる確率が上がります。

商品がぎっしり陳列されている店舗では「縦型」がいいでしょう。幅が狭くても、高さがある分、お客様の視野に入りやすいPOPになります。

面積の3分の1をキャッチコピーに使う

3-1

縦型レイアウト

【横書き】

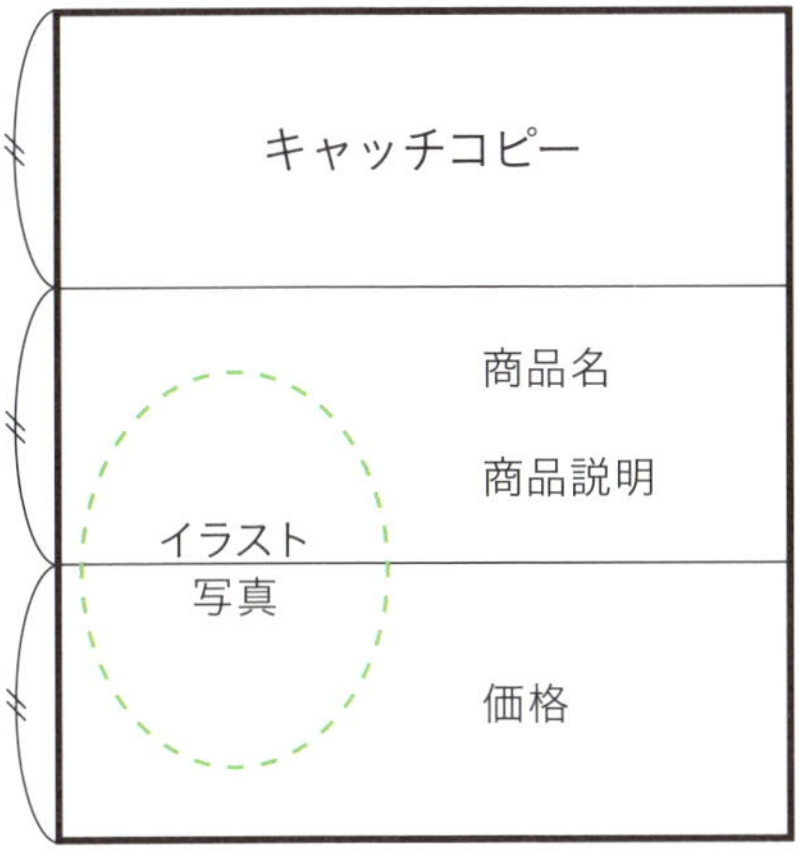

【縦書き】

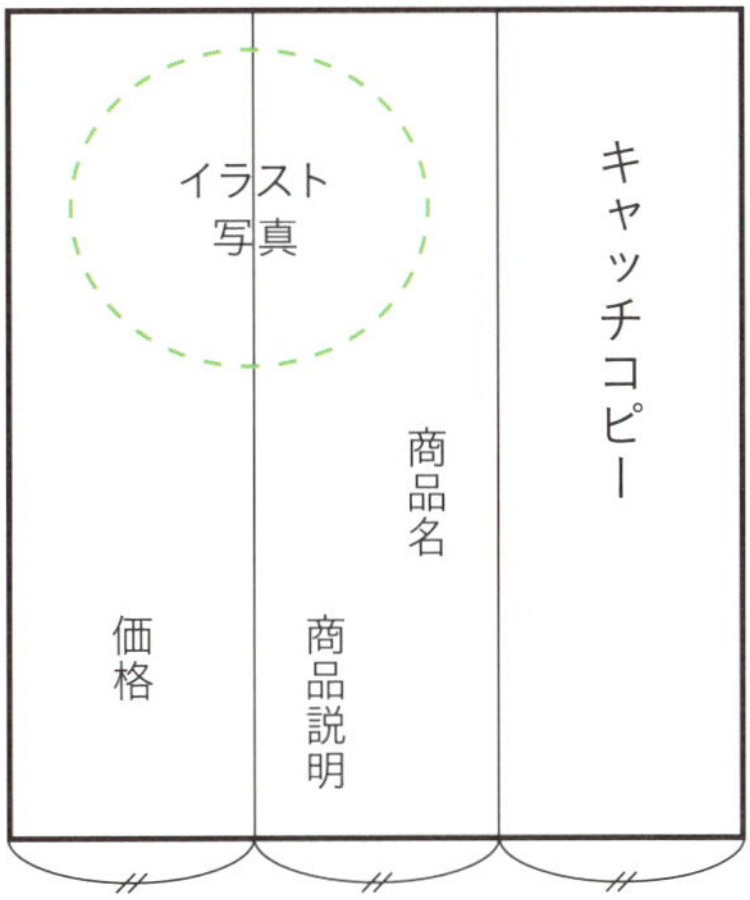

横型・横書きレイアウト

【価格なし】

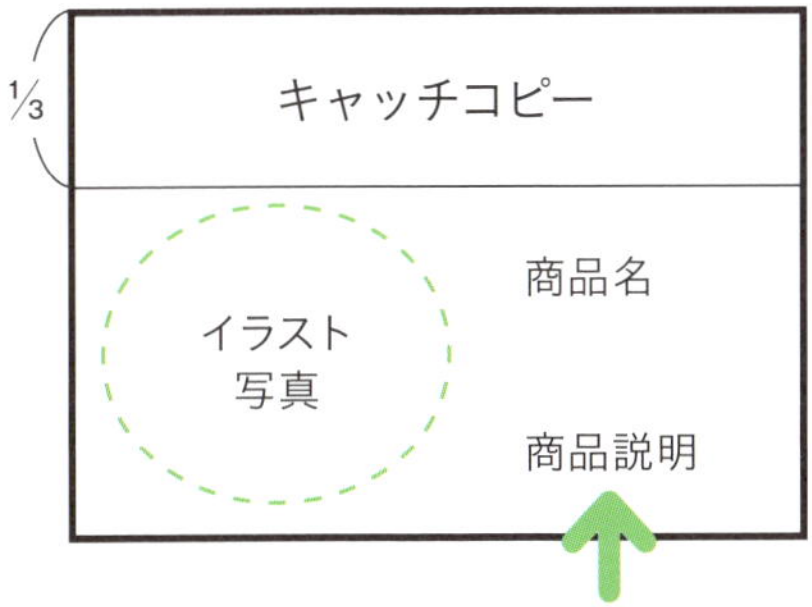

【価格あり】

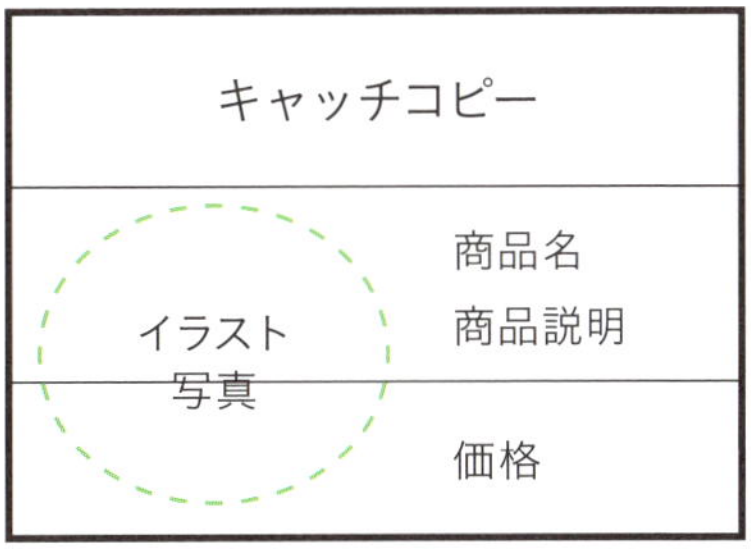

価格が変動する商品などは、価格はプライスカードに載せて、
POPには商品説明のみを載せる、という展開もおすすめです。

3 2

文字の太さ・大きさは3種類

パッと目に入れて、じっくり読ませる

「大きいＰＯＰ」と「小さいＰＯＰ」では、どちらが目立つか？　「大きな文字」と「小さな文字」では、どちらが目立つか？

これは、どちらも大きなほうが「目立ち」ます。

では、「大きな文字」と「小さな文字」、どちらがしっかり読まれるか？

こうなると「大きなほう！」とは断言できません。

売れるＰＯＰには、「パッと目に入れたいひと言」と「しっかり読んでほしい文章」の2つが書き込まれています。パッと目に入れたい「キャッチ」は大きめの文字で書き、しっかり読んでほしい「商品説明」は小さめの文字で書く。文字の大小で「メリハリ」を生み、見た人を一瞬で惹きつけつつ、しっかり読んでいただけるＰＯＰに仕上げます。

メリハリは、3：2：1でつくる

メリハリをつくる方法は2通りあります。

1つめは、**「大きさ」**で差を出す方法。モノとモノの「大きさの違い」を認識させるために必要な基準は、最低でも1：1.3と言われています。1.3倍だと細かいので、「2倍大きく」してみましょう。

2つめは**「太さ」**。売り場のＰＯＰを見ると、文字の「大きさ」の差は出せていても「太さ」の差を出せていないものが多いです。「太さ」も1.3倍以上太くして「メリハリ」をつくります。

そして、2つの大きさの文字を書けるようになったら、**3倍の大きさの文字にも挑戦してください**。キャッチは「大サイズ＝3」、商品名は「中サイズ＝2」、商品説明は「小サイズ＝1」、価格は「中サイズ」。このように3段階でメリハリをつけると、お客様の目にしっかり入るＰＯＰに仕上がるでしょう。

文字サイズは
3：2：1の比率で書く

3 2

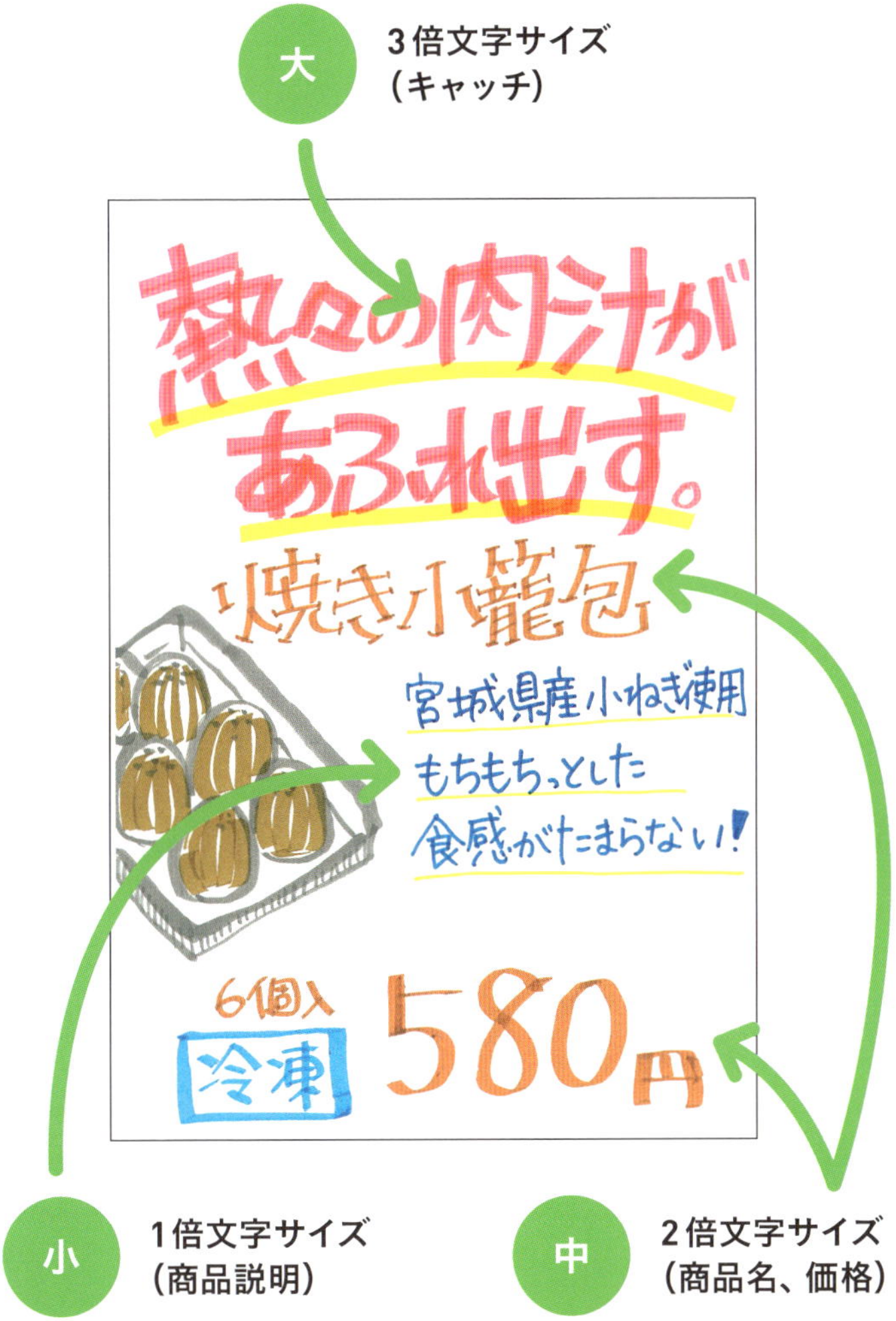

大きさ・太さを3種類に書き分ける。すると、POPのなかにメリハリが生まれ、読む「リズム」が生まれる。

3 余白をつくらない

余白が少ないと上手く見える

前項では文字のメリハリの大切さをお話ししました。本項では「プロっぽく見せる」テクニックをお伝えします。

これを実践することで、「なんとなく上手いな！」「素敵なPOP！」と思われ、「細部までこだわっている行き届いた店だ」という評価につながります。

38ページでもお伝えしたように、レイアウトは3分割で考えます。

手順としては、**1枚の紙を三つ折りにして、「3分の1」ずつ、文字やイラストを入れて完成させていくイメージ**です。こう考えると、用紙全体を見て仕上げるよりも、簡単に余白を少なく仕上げることができます。文字が小さくなってしまうこともなくなるでしょう。

「自信」のない人たちが書く文字は、どんどん小さくなっていき、余白が生まれがちです。慣れるまでは、**余白をつくらず「ぎっしり」させることを意識して、「ボリューム」や「迫力」のあるPOPに仕上げてください**。

18ページでも述べましたが、どんなPOPでも最後にうまく見えるかどうかを決めるのは「余白の有無」です。

縮小コピーで「ぎっしり」させる

私が主宰するPOP勉強会では、参加者全員分の作成したPOPのコピーをお土産に持って帰っていただいています。ただのコピーではなく「縮小コピー」です。仕上げたサイズよりひと回り小さくなるだけで、実は**「ぎっしり感」が生まれ、さらにプロっぽく見えるようになる**のです。売り場でも縮小コピーしたPOPを使ってみましょう。

3分の1ずつ書くと、余白が少なくなる

3-3

×

【余白の多いパターン】

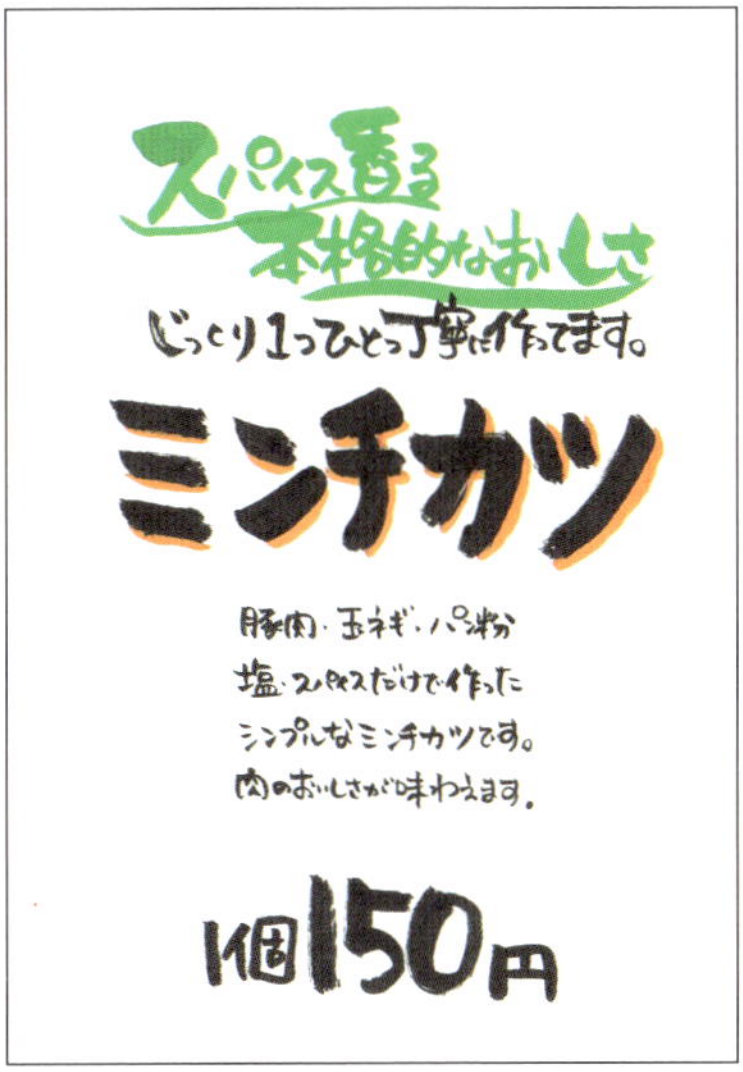

必要な情報は入っているけれど、空間部分が多く、控えめな印象。いきなり上から順番に書きはじめると、「収まるように」と意識が働くため、文字が小さくなり、余白が生まれやすい。

○

【余白の少ないパターン】

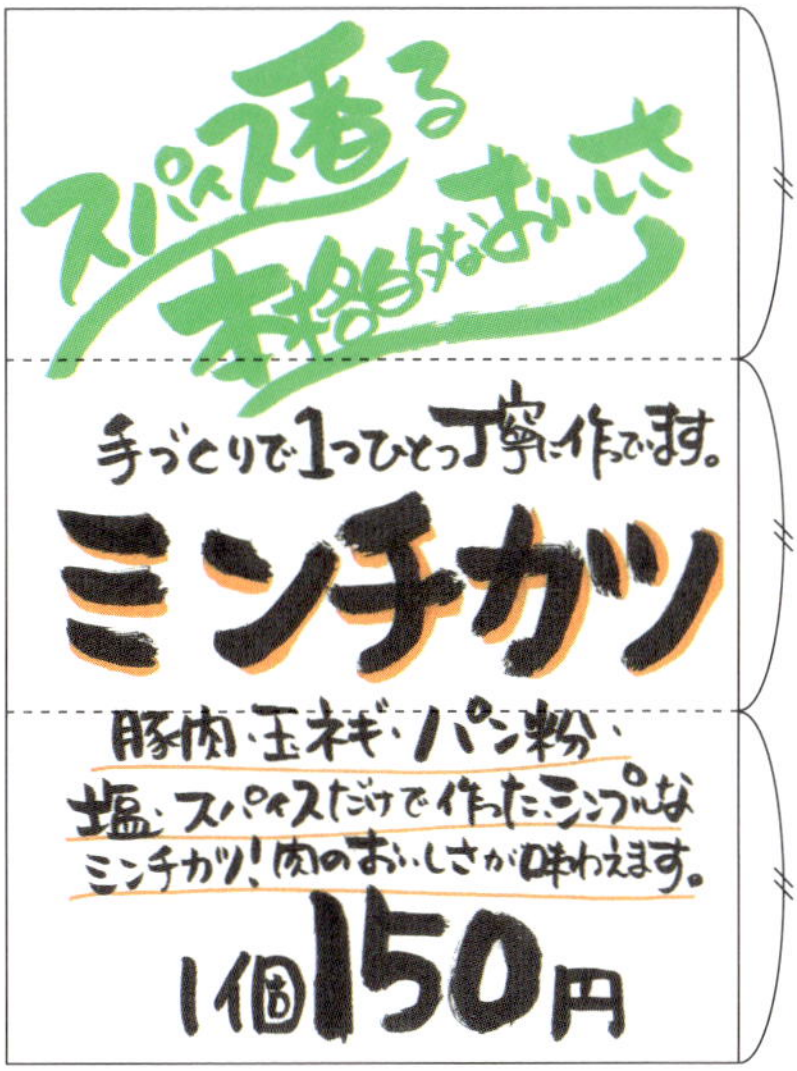

POPに「これでもか」と情報を埋めていくことで、売れるための「迫力」が生まれる。3分の1ずつ完成させていくと余白ができにくい。

余白を少なくするコツは、①文字を大きく書く②縮小コピーする③アンダーライン・額縁を書く（48ページ）④切り抜きPOPを付ける（50ページ）⑤イラストを大きく描く　などがある。

3-4 写真を切り貼りして使う

写真があるだけで目立つ

POPのレイアウトでは、キャッチに3分の1の面積を使って、同じく3分の1の面積を割きます。商品の写真やイラストを載せましょう。**写真やイラストが入ると、どんなPOPでも注目度がぐっと高まります。**また、その商品の使い方を視覚的にわかりやすく説明できます。

美容院やマッサージなどの「サービス業」では、「店内はどんな雰囲気なのか？　サービス内容なのか？」を写真で表現できると入店しやすくなります。

鮮度あふれるアップの写真がいい

では、写真の上手な活用法をご紹介しましょう。

まず、商品写真を撮影します。食品では、美味しそうに見える色味、つやつやした質感がわかるような写真がいいでしょう。**ポイントは斜め45度の角度で、アップで撮影すること。**

非食品では、商品を使用している写真がよいでしょう。珈琲カップならば、珈琲を注いだときの写真。ギフトニーズを喚起するのであれば、ラッピングされている写真もおすすめです。

次に、POPに写真を入れ込みます。プリントアウトしてPOPに貼り付けます。パソコンで写真データを取り込んで、作成しても構いません。写真に、キャッチや商品説明を書き添えれば完成です。

撮影、プリントアウト、切り貼りといった手間暇はかかりますが、内容や使用シーンを想像してもらいやすいので、写真は積極的に活用しましょう。

手間が気になる場合は、**「商品パッケージの実物をPOPに貼る」方法**もあります。

また、パッケージを縮小カラーコピーし、使うのもおすすめです。

どアップ写真が注目を集める

3-4

アップで撮った写真をプリントアウトしたうえで切り抜き、POP に貼り付ける。ダイナミックな写真に注目度がより高まる。

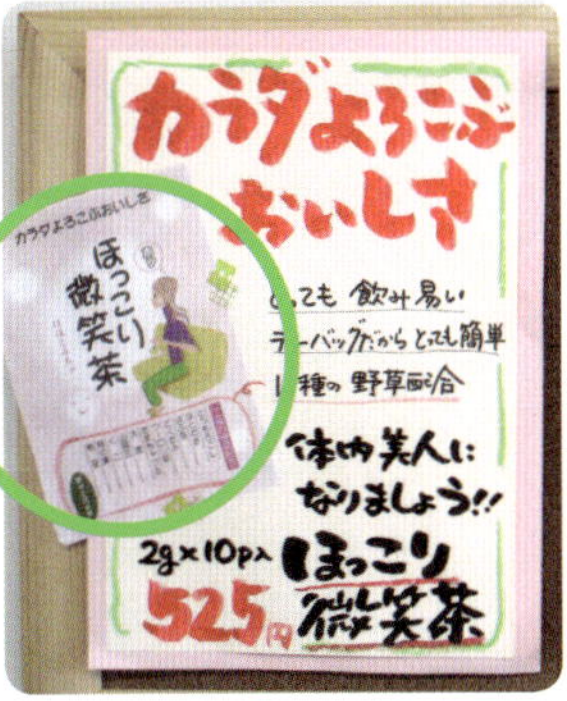

パッケージをコピーして、貼り付けるだけでもいい。

商品の外箱を切り抜き、POP に貼っている。使用写真を使うと、簡単にイメージしてもらえる。写真が POP の中に収まらなくても大丈夫。

3 5

パソコン文字と筆ペン文字を使い分ける

価格を目立たせるのはゴシック体

「安さ・値ごろ感」をアピールしたい場合、パソコンで「創英角ゴシック体」か「創英角ポップ体」と呼ばれる書体を使ってつくると、一番目立ちます。もしくは、先端が平らになっている「ＰＯＰペン」で専門的なＰＯＰ文字を書きます（「ＰＯＰペン使い方」とネット検索すると、持ち方からストロークまで紹介しているサイトがあります）。

筆ペンは、価値を伝えて目立たせる

安さ・値ごろ感ではなく**「価値」を伝えたい場合は、「筆ペンで書くＰＯＰ文字」がおすすめです。**

筆ペンはどんな人の文字でも、親しみを感じさせつつ、「目立つ文字」になります。パソコンのフォントのように均一ではないからこそ生み出せる味わいが、目を惹くのです。

筆ペンで上手く書く3つのコツ

筆ペンの使い方をご説明します。

1つめは、**「頭でっかちに書く」**ことです。文字の「安定感」と「目立ちやすさ」は別物です。バランスが悪く不安定なほうが目立ちます。ＰＯＰで使いたい文字は、このバランスの悪い筆ペン文字です。逆三角形に文字を書くことで注目度を高めます。

2つめは、文字のなかの**「線と線が重ならないように書く」**ことです。線と線が重なると読みにくくなるからです。できるだけ重ならず、文字のなかに空間が残るように書きましょう。

3つ目が「最後まで丁寧に書く」、つまり**書道のように払わないことです**。最後までペンを紙から離さず、ゆっくり止めましょう。仕上がりの印象が優しくなり、丁寧で上手く見えます。

パソコンは、見やすい
手書きは、親しみやすい

3 5

【パソコンの「ゴシック体文字」でつくったPOP】

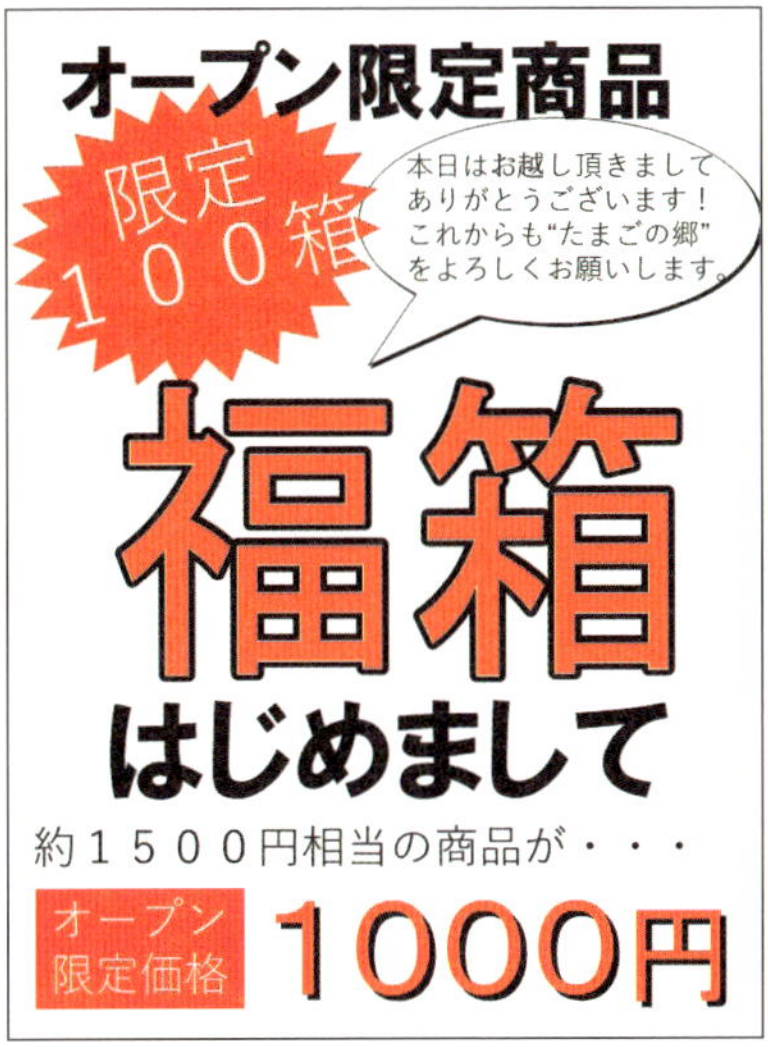

パソコンPOPは遠くから見て、誰でもはっきりと読むことができるのが長所。

【「筆ペン」で書いたPOP】

筆ペン文字による手書きPOPは、親しみを感じさせつつ商品のこだわりや長所を伝えることができる。マジックで「頭でっかち」に書いても同じ効果が期待できる。

筆文字の詳細な書き方は、特典「手書き文字練習帖」180ページを参照。

3 6

線を使いこなす

アンダーラインで強調させる

POPのなかでもっと注目してほしいフレーズに「アンダーライン」を足しましょう。

キャッチなどもアンダーラインで強調することで、さらに目立ちます。

「筆ペン」を使えば、柔かいイメージを与える線から力強い線まで、幅広い質感を表現できます。直線、波線、点線など、POP全体のバランスを見て「似合う線」を探してください。

パソコンでつくったPOPにも筆ペンで柔らかなアンダーラインが入ると、注目してほしいフレーズが強調されつつ、手書きPOPと同様の親しみを演出できます。

額縁効果で際立たせる

アンダーラインだけでなく、POP全体やキャッチコピーを囲む「額縁」も効果的です。**額縁を付けることで、人はその中に注目しようとします。**

あるお茶専門店では、すべてのPOPに「額縁」を書き込んだところ、それだけでPOPに目が行くようになり、お客様から「何か変えた？」と言われるようになりました。たった1本の線で店舗リニューアルと同じような効果が表れたのです。

線を書くポイントは、定規を使わずフリーハンドで引くことです。シャープな額縁なら一気にまっすぐ引けばいいですし、強弱をつけて筆ペンで書くと、曲線の額縁ができ上がります。アンダーラインと同様、太い線なのか、細い線なのかで印象が変わります。

1本で太さを調節できることが、筆ペンの長所です。マジックの場合は、太字と細字を使い分けて、アンダーラインと額縁を書いてもいいでしょう。

強調したい箇所にアンダーラインを引く！

3 6

×

【「アンダーライン」のないパターン】

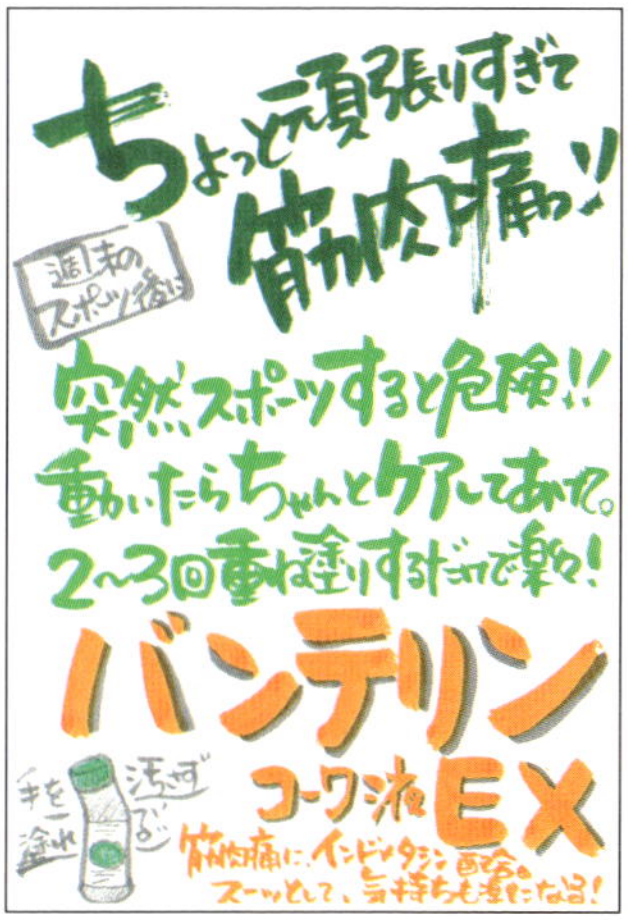

○

【「アンダーライン」のあるパターン】

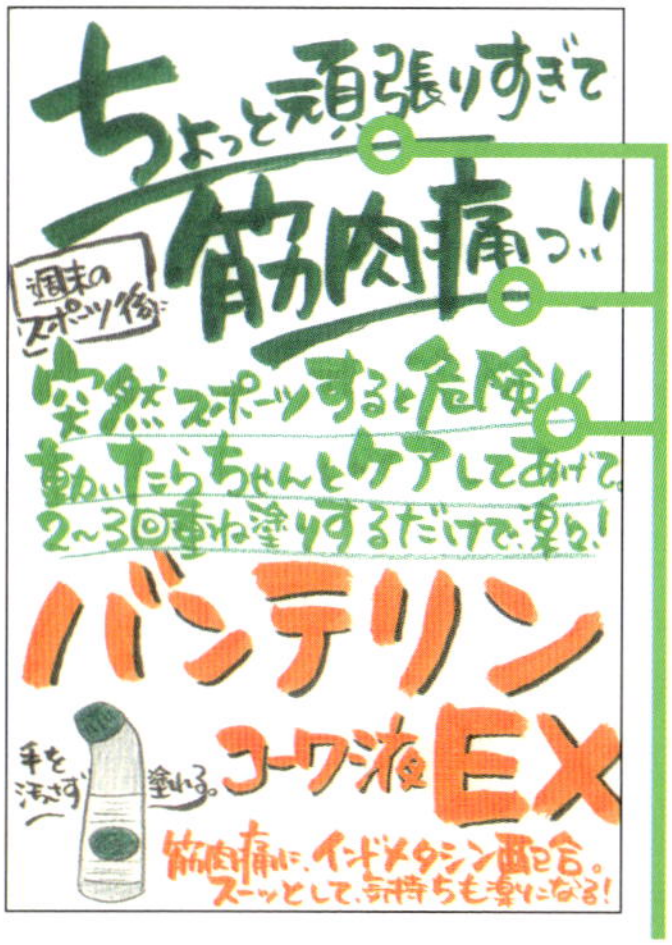

筆圧が強く自信を感じられる線が、お客様の目線をさらに集める。

【線で「額縁」を書いたPOP】

強弱をつけた縁で、柔かいイメージを演出しつつ、額縁効果をねらう。

額縁は、POPの余白を埋める効果もあるので、どうしても文字が小さくなってしまう人にもおすすめ。

3-7 切り抜きPOPで最後のひと仕上げ

貼るだけで目立つ「切り抜きPOP」

POPができ上がったときに、「あれも伝えたかったな」「何か足りない感じがする」と思ったことはありませんか？　そんなときは、「切り抜きPOP」を活用するチャンスです。

切り抜きPOPを足すことで、**POPが立体的になり、インパクトが強くなります**。貼り方や貼る場所を変えれば、お店の印象も変わります。

情報をもう1つプラスする

「切り抜きPOP」には、何を書けばいいのか？

まずは、キャッチコピーや商品説明を考える際に、「載せきれなかった情報」を見直してください。「かわいい」「おしゃれ」「お手ごろ価格」「新人がつくりました」など、**一見価値がなさそうな情報が、切り抜きPOPで魅力的な情報に変わります**。

そのほか、「一番人気」「新発売」「店長おすすめ」といったキャッチコピーとして大きく載せられそうな情報を、切り抜きPOPで伝えるのも1つのやり方です。そういった「売れるひと言」を吹き出し形に切り抜いた用紙に書き、POP本体に貼れば「吹き出しPOP」の完成です。

POP本体から外に出すことで、より目立ち、「吹き出しPOPを見る」→「POP本体を見る」→「商品を見る」という**「売れる」流れを効果的につくれます**。

吹き出し形だけでなく、丸形、楕円形、雲形、ギザギザ形などいろいろな形を試してみてください。伝えたい内容や雰囲気に合わせて形を選んでみましょう。

最後の仕上げとして切り抜きPOPを活用してください。

プラス1の情報を後から付け足す

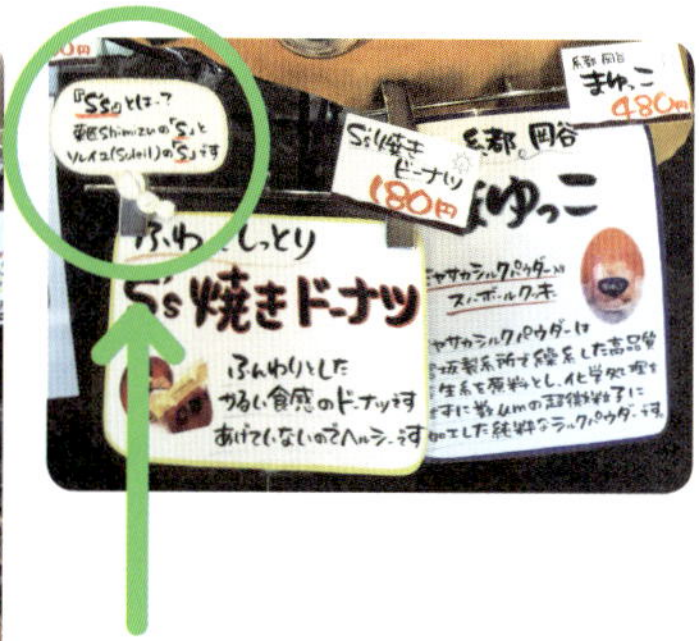

一番大切な情報ではないけれど、「できたら知ってほしい」という情報を伝えています。

伝えたい言葉がPOP1枚に収まらないときは、切り抜きPOPとして使えます。キャッチや商品説明と内容が重複しても構いません。

切り抜きPOPに使える言葉

- 「1番人気」
- 「新発売」
- 「店長おすすめ」
- 「母の日」
- 「いち押し」　など

第4章

売れるひと言が見つかる！
7つの質問

4 1 質問に答えるだけ！1分で「キャッチ」は書ける

キャッチコピーで心をつかもう

ＰＯＰには「商品名」「商品説明」「価格」「キャッチ」を書きますが、なかでも区別しづらいのが「キャッチ」と「商品説明」でしょう。

そこで、次のように整理することをおすすめします。**キャッチコピーとは、「通り過ぎるお客様の目を留め、足を止めるもの」**。商品説明とは、「商品を知ってもらい、手を伸ばさせるもの」。キャッチだけでは伝えきれない魅力を補足する文章です。

キャッチと商品説明。この2つの視点から、商品情報を整理して、ＰＯＰを書き上げていきます。

手順としては、まずお客様に伝えたい内容を整理しましょう。私が主宰する講座では、商品の長所や特徴を、3分間で10個書き出してもらっています。

次に、どんなお客様に買っていただきたいかを考えながら、そのお客様が関心を持ちそうな項目を10個から2つ選びます。**最も関心を持たれそうなものが「キャッチコピー」となり、もう1点を「商品説明」として使います**。

「7つの質問」でキャッチが生まれる

「長所や特徴が10項目も挙げられない」と言う方のために、「7つの質問」を次ページから用意しました。これらの質問に答えるだけで、自動的に「キャッチコピー」「商品説明」として使える言葉が見つかります。

質問とその答えのなかから、2つを組み合わせて使いますが、組み合わせは自由です。ピンときた2つだけを選んでいただいても構いません。

もちろん、7つすべてに答えていただいても構いません。その際は、お客様がより関心を持ちそうなものを選んで使ってください。

たった「ひと言」で7倍売れる

4-1

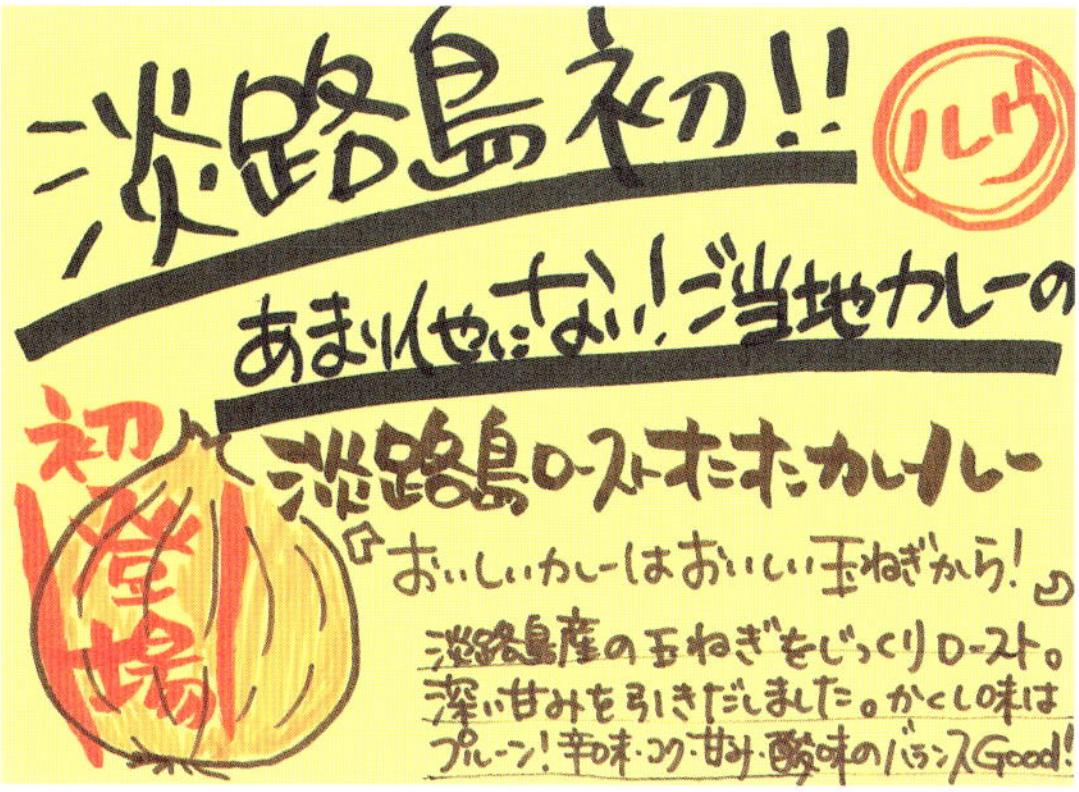

「淡路島」限定という商品の魅力を伝えている(4-7参照)。そのほか「新商品」「初登場」「当店のみの販売!」など、注目されるキャッチコピーに大きく面積をとろう。

長野のスイーツショップのPOP。まだまだ3世代で暮らす人が多いからこそ、「家族」で食べてほしいと客層を絞り込んだキャッチで訴求しています(4-4参照)。

4 2

頻繁に聞かれることを書く

「お客様からよく聞かれる質問は？」

お客様との会話を振り返ろう

キャッチを書くために必要なヒントは、日常の「接客」にあります。1つめの書き方は、お客様からいただく「質問」を使います。

「質問」の傾向は2つあります。1つめは、「使い方」です。

ある八百屋さんでは**「この野菜、どう使ったらいいの？」という質問が毎日繰り返されていました。**定番野菜のほか珍しい野菜も多く扱っていたため、その調理法を多くのお客様が疑問に思っていたのです。ところが、ＰＯＰには産地しか書いておらず、店主の奥様が接客の際にいちいち教えていました。

そこで、その質問を活かしたキャッチコピーとして、**「どう料理したらいいの？　おすすめは焼きサラダ！」と書きました。**

このＰＯＰを付けた途端、他の野菜に比べ約2倍手に取っていただけるようになったのです。**知りたいことがＰＯＰに書かれているので、お客様が店主の奥様にいちいち尋ねる手間も省けました。**

お客様が気にしていることを探ろう

2つめは、「これ、〇〇に使えるかしら？」といった疑問、つまり「目的（使い途）」です。あるホームセンターでは、園芸用品をインテリアに使う人が多く訪れるようで、「これ、家の中にあってもおかしくないわよね？」とよく聞かれるとのこと。

そこで、その質問ごと書いた**「家の中でも使えるかしら？　ハイ！　大丈夫です！」**というＰＯＰを付けたところ、買上率が上がりました！

よく尋ねられる質問を、キャッチとしてそのまま使ってみましょう。それだけで瞬時にお客様の関心を惹くＰＯＰへと変身していきます。

売り手の思いより「お客様」が主役

4 2

BEFORE

AFTER

「めずらしい野菜です」と売り手が伝えたいことを書くよりも、「どう食べたらいいのか？」という、お客様の疑問に応えるPOPが、売上につながります。

4 3

お客様の「生の声」を書く

「お客様からよくいただく感想は?」

お客様の感想・体験談を聞き出そう

売れるキャッチを書く方法として、日常の接客でよく聞く「感想」を素材にする方法があります。

ある出汁《だし》メーカーでは、『最初は出汁パック1つでそんな変わらないでしょ! と思いましたが、旦那に味噌変えたでしょう? と言われて驚きました』という感想をお客様からいただきました。そこで生まれたのが次のようなキャッチコピーです。

「おかあさん、お味噌変えた?」

このキャッチでなんと3倍売れました。

常連客へヒアリングしてみるのもいいでしょう。実際、その商品についてどう思っているのか、どういう感想を持っているのか。そのなかから効果的な感想をキャッチに使いましょう。**お客様の声が新しいお客様の買い物のきっかけをつくります。**

お客様は「お客様の声」を信じる

お客様の感想には、強い力があります。同じ商品を買って試した「先輩」が言うからには間違いないだろう、という信頼感。そして買った後の「未来(使用シーン)」がその先輩の声から想像できるのです。

お客様からの感想には2つのパターンがあります。1つめは「期待通りだった」という感想。自分が思っていた通りの商品で、満足しているという内容です。2つめは、実はあまり期待していなかったけれど、**「当初思ったよりも満足している」**という感想。

素直に褒めてくれる感想も効果はありますが、期待していなかったけれど、期待を超えてくれたという「逆転の感想」のほうが参考にしやすいかもしれません。**かぎ括弧をうまく使って、お客様の声として強調させるのもおすすめ**です。

買った人の生の声が一番共感できる

キャッチを書く
絵を描く
色を使う

アンケートを実施している出汁メーカーでは、その中の「声」をピックアップして、POPに使っています。

働くスタッフは、最初の「お客様」。その本音には説得力があります。

オーダー家具のPOP。お客様の実際の体験談をイラストと吹き出しを使って強調しています。

4

ターゲットを絞る

「お客様を誰か1人に絞るならどんな人?」

POPはラブレター

質問の3つめは、お客様を1人に絞って、その人に向けてキャッチを書く手法です。これによって、たくさんの商品のなかから「これは私のための商品だ」と選んでもらえる効果をねらいます。

マーケティング的に言うならば「ターゲットを絞る」という考え方。絞り込みが甘いPOPをよく見かけますが、**リアルに想像できるたった1人に買ってもらえれば、後ろの大勢の人も買ってくれる。**これが現場で起こっている真実です。

「みんなに…」より「あなたにどうぞ」

想像するお客様がリアルであればあるほど、キャッチコピーも具体的なものになります。「友人や家族で言うとあの人」、と個人まで落とし込めるのが理想です。キャッチは、「その1人」に向けて書きます。**その人に理解してもらいたいことを整理し、ほしくなるような表現を考えるのです。**

支援先のある本屋で、こんなことがありました。そのお店では、人気の絵本をさらに強化販売するためにターゲットの整理をしていました。もともとのコピーは、「お子さんをお持ちのお母さん」というもの。しかし「お母さん」といっても、お子さんの年齢にもよるし、みんな違うよね、という意見から次のようなキャッチが生まれました。

『初めての子育てのお母さん!! 1度は手に取ってもらいたい名作です。』

このようなキャッチになることで、第1子子育て中のお母さんには「私のこと?」と思っていただけるわけです。「第2子、3子の子育て中だけど読まなかった」というお母さんにも有効で、結果的に今までの7倍売れるという結果につながりました。

4 お客様は誰？個人名を想像してみて

ターゲットを極端に絞り込もう！
すると、商品にある特徴が浮き上がり、伝わりやすくなります。

4 5

突き抜けた「特徴」を書く

「売る立場として不安なことは?」

マイナス点をかくさない

キャッチには「マイナス点」も堂々と書いてしまうことをおすすめします。**オススメしづらい理由、一見短所に思える特徴、そういった点にこそ買いたくなるきっかけが隠れている**のです。

ある家具工房では、硬い桜の木で椅子を作っていました。短所は、座面が硬くてリラックスして座りにくいこと。長所は「背筋を伸ばして座れる」ことです。そこでPOPのキャッチに「ちゃんと座る椅子」と書き、商品名もそう変えたところ、注目度が上がりました。実は筆者も買ってしまったほどです。

改めて、次の3点から商品を見直してみましょう。

1:気になるマイナス点を洗い出す

2:一番気になるマイナス点を選ぶ

3:それをプラスの表現で言い換えてみる。

この手順でキャッチのでき上がりです。

マイナスも一周するとプラスになる

ある菓子店では、こんなキャッチでお客様の心をつかみました。**『チーズが嫌いな方はご遠慮下さい』**。

チーズは好き嫌いが分かれます。愛好家にとっては濃厚で少し臭みがあるぐらいが美味しく感じられますが、そうでない人にとっては臭くて食べにくいかもしれません。特に販売スタッフ自身が苦手なら、POPの表現も曖昧になるかもしれません。でも、そこにお客様が買いたくなる魅力があるのです。

・・・

●チーズ嫌いの方にはおすすめできないくらい、チーズ感たっぷりの濃厚なチーズケーキです。

●あまりにも濃厚で、香りも強いため、チーズが苦手な方からは大不評です。

チーズが好きな人にとっては、どれもチーズの持つ美味しさが引き立つ魅力的なキャッチに映ります。

マイナスも振り切るとプラスに変わる

一見、短所に思える商品の特徴。買っていただきたいのは、その特徴が直球で響くお客様。曖昧にするのではなく、ハッキリと書く!

スタッフとしては「すっぱい」で売れるのか?　確信が持てなかったけれど……。付けてみたら、2倍以上売れました!

4-6

反響を「数字」で表す

「実際、いくつ売れていますか?」

お買い物に慎重な今のお客様

昨今のお客様は、お買い物の際に「失敗したくない」と考える傾向が強いです。「景気は不安定で、お財布事情が苦しい…」そう思う人も少なくありません。ほしいものが10あっても、すべて買うことはできず、「優先順位の高いものから…」という心境です。

だからこそ**お客様が知りたいのは、失敗しない買い物かどうかです**。「間違いない!」と確信が持てる商品は、自動的に優先順位が上がります。

数字は安心を与えてくれる合言葉

「失敗しない買い物」であることを保証してくれる材料となるのが「実際その商品がどれだけ売れているか」という実績、つまり数字です。

「当店で通算1000個販売達成」「2、3個ずつ毎日必ず売れていく」といったような「結果を表す数字」は、抽象的な言葉よりも強いインパクトがあります。**お買い物の「先輩」がこれだけいるんだという安心感。数字が与えてくれる信頼感**。これらが「失敗しませんよ」という保証を与えてくれるのです。

出だしに数字がくるインパクト

特に、キャッチコピーとして出だしに数字が入ると、お客様の目は留まります。

「3人に1人が買っています!」「1人10個まとめ買いの方も多くいらっしゃいます!」「累計2万個突破!」。インパクトを持って伝えられる単位の数字を探してみましょう。「創業180年」「8代目店主」というような、お店の歴史を表す数字も信頼度が上がります。

4
6

数字は、買い物に「安心」を与えてくれる

「1日1万枚」「1時間で2、3個売れる」など、どれだけ売れているのか？　具体的な数字をキャッチに書こう。

キャッチを書く

絵を描く

色を使う

4 7

限定感、希少性を書く

「今だけ、ここだけの商品はありますか？」

なぜ、ご当地商品を買ってしまうのか

旅行先の売店では、「九州限定」「当店のみでのお取扱い」などなど、魅力的なご当地アイテムが所狭しと並べられています。こういった商品を、思わず手に取ってしまう方も多いのではないでしょうか。

なぜ、ご当地商品に惹かれてしまうのか？　それは、**買えるのは「今、この店だけ」だから**。希少な（数が少ない）商品が、「今なら手に入る」。買える時期や場所が限られているけど、「この店なら買える」。といった状況に、お客様はワクワクするのです。

限定感・希少性の書き方

これらのキャッチを、3つの切り口で探ります。

1：一定期間で販売個数が限定されているかどうか
2：販売エリアが限定されているかどうか
3：条件を限定することができるかどうか

1つ目が最も見つかる可能性のある切り口でしょう。「限定3着！　現品とバックヤードに2着残っているのみです」「1日限定20個　申しわけございません。手作りで仕上げておりますので、1日20個しかお売りすることができません」。このように具体的な**「数字」と「（希少や限定である）理由」を書くことで、納得感も同時に生まれるでしょう**。

2つ目の「本店限定」「○○店舗限定」といったキャッチは、多店舗経営の店舗では使いやすいものです。エリア内で「取扱いが自店のみ」という商品はありませんか？　そして3つ目は、「この○○をお買上のお客様限定」といった条件を限定することで、特別感やお得感を伝える方法。**「お1人様2個まで」といったキャッチは効果的です**。

今ある商品から、お客様の背中を押す限定感や希少性を見つけてあげましょう。

「今だけ」のワクワク感で後押しする

4 7

限られた期間のキャンペーンやイベントは大きく伝えよう。

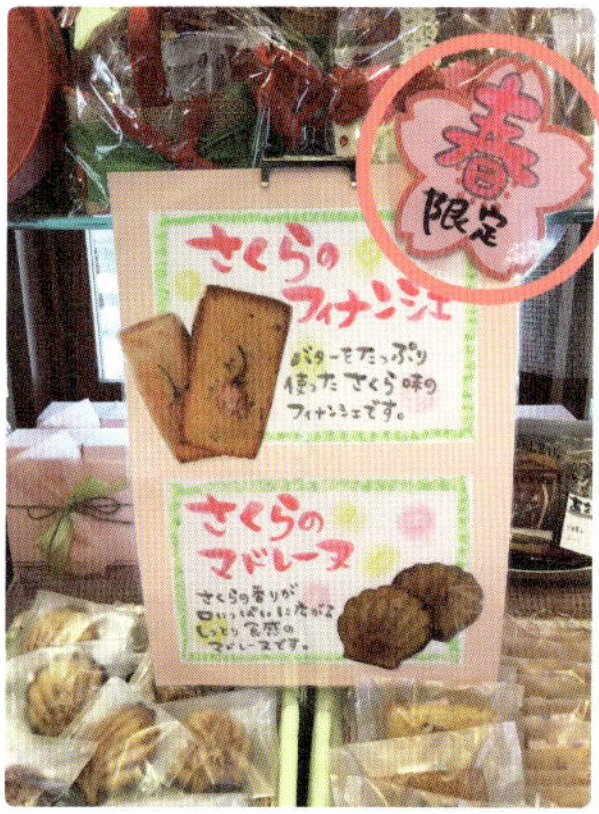

「季節限定」はよく見かけますね。

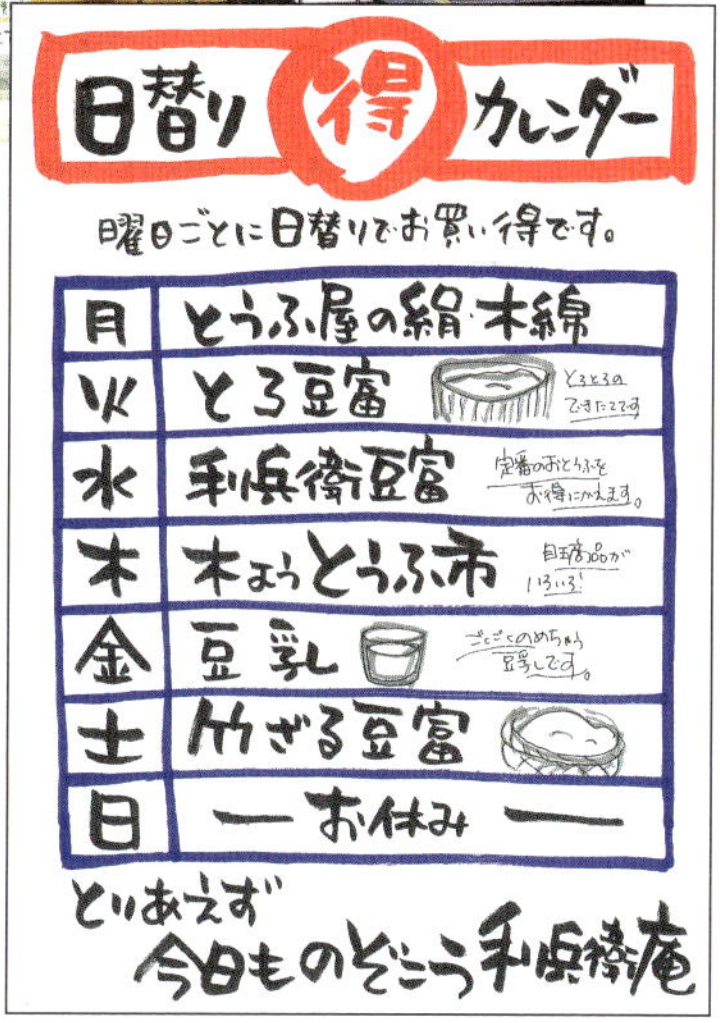

曜日ごとに替わるお得情報を一覧にする。

4 8

第三者からの評価を書く

「どこかで話題になっていませんか？」

評価されていることを伝える

キャッチが生まれる最後の質問です。

誰かがその商品を評価していませんか？

テレビや雑誌などで特集されていた、芸能人をはじめ著名な方がその商品を絶賛していた…などなど。もし当てはまるなら、それ自体が伝えるべき情報となります。**私たちは「第三者のお墨付き」に注目します**。メディアで取り上げられたという実績だけで、多くのお客様が関心を誘われるのです。

24ページでもご紹介した小麦専門店「つむぎや」では、ある料理評論家に「お取り寄せ本」のなかで推薦してもらったことで、ギフトを利用するお客様の集客につながっていました。料理評論家と客層の相性が良く、POPに「本の切り抜き」を貼ったところ、地元でも評判の逸品として売上がいまだに伸び続けています。

「あの○○さんもお取り寄せしています！」。この情報そのものがキャッチコピーとして強力なインパクトを持つのです。

オリジナルの賞でもいい

第三者評価として「コンテスト受賞」という評価も積極的に使っていきましょう。

たとえば、食品関連では「モンドセレクション」というお客様の間でも知名度の高いものがあります。受賞すると使うことのできるマークは目立つので、パッケージに載せるとアイキャッチになり、お土産業界では特に効果が望めます。

川越の書店では**独自のアワード「精文堂大賞」をつくることで**、お客様の関心を引き出しています。賞の価値は人それぞれですが、どんな賞でもそれ自体がお墨付きを表すもの。積極的に伝えていきましょう。

4-8

掲載記事やアワードをPOPに書く

「お客様は知らないかも?」と思うようなアワードも露出させていきましょう。

メディアへの露出をこまめにPOPにまとめておくと、認知度がさらに高まります!
ローカル誌や新聞の地方版での掲載記事は、地域密着の専門店では、特に有効です。

第5章

「文章はムリ…」という方に朗報！
絵で売るPOP

5 1

イラストがあるとPOPの注目度は高まる

絵が入ると注目度が55%上がる

POPのキャッチコピーがいくら素晴らしくとも、それを「見て」もらえなければ始まりません。そのためにPOPのサイズを大きくしたり、文字を太く書いたり、目立つ色を使ったり…、と工夫を凝らすのですが、それに加えて「絵」を入れるとさらに効果的。**イラストがあるだけで、お客様の目は自然とそこに集まるのです**。

あるチラシの調査結果では、イラスト・写真を10点以上入れたものと、入れていないものとを比較したところ、注目度が13%違ったそうです。とりわけ「人の顔」が入ったときは、その差が55%になりました。絵が入ると、POPの注目度は上がるのです。

イラストで「好感度」を高める

どんなお客様もPOPに対し第一印象を持ちます。2〜3秒で見る価値があるかを判断するだけでなく、「いい感じだな」といった好き嫌いも感じます。

最初に好印象を持ってもらえると、その後の情報を伝えるのも楽になります。好感を持って見てくれるため、情報が正しく伝わりやすくなります。

好まれる絵の描き方は次頁以降で説明しますが、何を描いたらいいのかというと「人の顔」と「商品のイラスト」です。

人の顔があると、注目度が高くなるだけでなく安心を感じていただけます。**特に、女性の顔と子どもの顔は好感度が上がります**。笑顔の女性や子どもの顔の描き方を78ページでも説明していますので、チャレンジしてみましょう。

また、「商品のイラスト」は、載せるだけで使い方や使い途をよりイメージできるので、ぜひ活用してください。

人物イラストで注目度を上げよう

キャッチを書く
絵を描く
色を使う

【文字だけのPOP】

【商品のイラスト入りPOP】

注目度
13%アップ

【商品のイラスト+人物イラスト入りPOP】

注目度
55%アップ

文字だけのPOPよりイラスト入りのほうが、注目度と好感度も高まります。人と商品のイラストが描ければ、もっと売れます。

5 2

絵は真似すればいい

視線は、イラストに集まる

ある洋菓子店では、すべてのプライスカードに「ケーキのイラスト」を描いたところ、お客様の認知度が高まり、売上が150%に上がりました。**イラストを入れることで注目度が高まる。**これがイラストを使う一番のメリットです。

そうは言っても、絵を描くことに苦手意識を持っている方は少なくありません。「絵は下手です」「〝へのへのもへじ〟しか描けません」などなど、主宰する勉強会では多くの嘆きの声を耳にします。

そうですよね、私もかつてはお世辞にも上手いとは言えませんでした。でも安心してください。**コツさえつかめば、誰でも簡単に絵は描けます。**

今より上手く描ければ十分

私がイラストを描く際の一番の味方は、ネットで検索したイラストの「画像」です。「どうやって描こう？」と思う前に検索しています。気に入った絵を見つけては真似するのです。

つまり、**新しいものを生み出そうという意気込みは不要。**モデルとなるものを見つけて、それを真似する！　これがイラストを上手に描く鉄則です。

真似をして描いても、文字と同様、オリジナリティあふれるイラストに仕上がります。

私は、**「いらすとや」**というフリーの素材サイトを活用しています。素晴らしい素材の数々で、そこをのぞけばたいていのイラストのモデルが見つかります。パソコンでPOPをつくる際は、そのまま使わせてもらっています。

その他、ふと目に留まった雑誌のカットやフリーペーパーのイラストなど、気に入ったイラストの写真をスマホに撮りためておくのもおすすめです。

真似するモデルをネットで検索しよう

5 2

以下は、絵を描く際にとても参考になるサイトです。どちらもわかりやすく、かわいい素材がたくさんあります。
イラストを真似させてもらうだけでなく、パソコンPOPの素材としても活用できるでしょう。（上の３点は「いらすとや」より）

「いらすとや」
http.irasutoya.com

「人物イラスト館」
http://jinbutuillust.businesscatalyst.com/

5 3

上手いイラストには筆圧がある

絵の自信は、筆圧に表れる

2人のスタッフがいます。同じイラストを真似して描いていますが、でき上がりの印象が大きく異なります。1つは、イキイキとしていますが、もう1つは貧弱な印象。**この「差」の正体は「線の太さ＝筆圧」**だったのです。

上手なイラストを見ると「自信」を感じるので、お客様の注目度は高まりますが、下手なイラストは「自信のない」印象を与え、注目も集まりません。自信は、筆圧に表れるのです。

筆圧のあるイラストを描くポイントは3つです。

①マジックをいつも通りしっかり握る

②手を机につけ安定させる

③マジックを強く紙に押し付ける

持ち方は鉛筆を持つときと同様にしっかりと握り、手をテーブルに固定し、マジックを紙に押し付け、強い圧とともに描きます。**3〜4センチずつワンストロークで描くと筆圧が調整しやすいでしょう。**

上手く描ける道具を選ぼう

絵を描くのにおすすめの文房具は、「プロッキー」や「ポスカ」などの発色の良いマジックです。プロ仕様の「コピック」もおすすめです。プロッキーは発色が良いだけでなく筆運びが軽く扱いやすいので、初心者に使いやすいでしょう。コピックは、グラデーションをつけたいような絵を描く際に重宝します。

単価が高い商品（日本酒やワイン、調味料など）には**「色鉛筆」や「パステル」**で描くのがおすすめです。ある酒屋さんでは日本酒の瓶とラベルのイラストを色鉛筆で描いたところ、老舗のような魅力が増しました。色鉛筆を使うときも、筆圧をコントロールして色の濃淡を出すとよいでしょう。

5-3

紙にペンをぐっと押し付けて描く

えんぴつを持つのと同様、マジックをしっかり持ちます。筆ペン、マジック、色鉛筆すべてしっかりと握ります。

ここがポイント！
自信のある線、筆圧の強い線は、手が紙にしっかりとくっついている状態で書きます。筆ペンを使う際も、浮き上がらないように気を付けましょう。

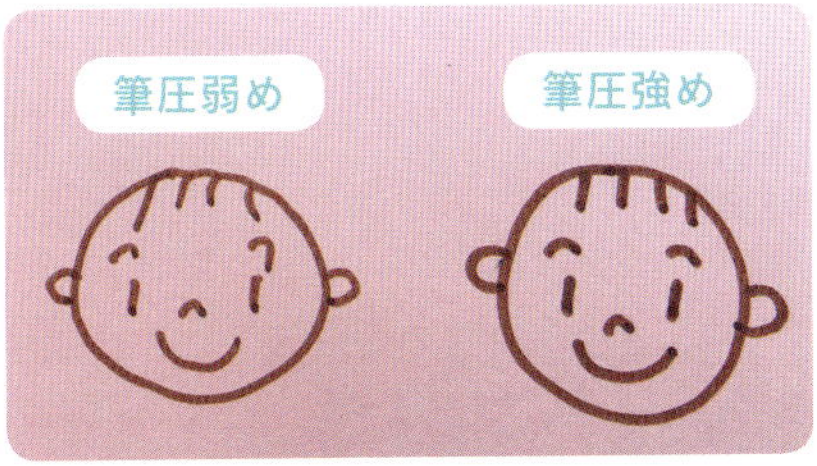

同じイラストを同じように描いても、仕上がりの印象が変わる。イラストも文字も「筆圧強く」が鉄則です。

色鉛筆も、濃淡の差を筆圧でつくる。

5

4

人物イラストを最速でマスターする

上手く描くシンプルな公式がある

人物イラストを描けるようになると表現の幅が広がり、72ページで述べた通り、POPの注目度が上がります。ぜひマスターしましょう。

顔は、単純化すると「輪郭《りんかく》」+「髪型」+「眉毛・目・鼻・口」でできています。この組み合わせで、人の数だけ顔の違いが生まれているのです。そのシンプルな組み合わせを活用して、顔を描くメソッドをご紹介しましょう。

表情は組み合わせで描く

まず輪郭は、「丸形」「楕円形《だえん》」「四角」「逆三角」の4パターンに大きく分かれます。

子どもの顔を描く場合はほぼ丸形ですし、大人の男性を描く場合は四角が多いです。

次に髪型ですが、ポイントは**髪の毛を「一本一本描かない」**こと。「かつら」を描くようなイメージがよいでしょう。ショートなのか？　ロングなのか？　ウェーブなのか？　ストレートなのか？　そして前髪はあるのか？　をパターン化します。

そして、「眉毛・目・鼻・口」。この4つの配置を決めます。均等に散らばっているのか、中心に寄っているのか、決めましょう。

仕上げとして「眉毛」「口角」で表情をつくります。口角を上げれば「笑ってる」表情になるし、下げれば「怒ってる」「寂しい」表情になる。眉毛も上げれば「勇ましく」感じますし、下がっていれば「優しく」感じられます。

これらの「4つのパーツ×表情」で描くと、よりリアルな表情に仕上がっていきます。左のチャートを使って、人物イラストの表現を豊かにし、POPの注目度を高めましょう。

「顔が描けない」悩みは このチャートで解決！

5 4

5 手を足して動きを出す

「手」があると、表現の幅が広がる

顔を描くコツがつかめたら、今度は「手」をプラスしてみましょう。**「手」が加わるだけで動きやポジティブな印象が生まれ、表現の幅が広がります**。手を振っていれば元気なイメージになり、ピースをしていれば楽しい雰囲気が伝わります。

「手」も、パターンさえ覚えれば簡単なので、左ページにある4タイプをまずはマスターしましょう。

指は1本ずつ描かなくてもいい

4タイプで共通することは、指を1本1本描かなくてもいいということです。**「手」は塊《かたまり》で描きます**。指を描くのは、ピースのときの2本指と何かを手に持つときに描く親指だけです。それ以外はまとめて描いてしまって構いません。

肩と手のつながりは描かない

もう1つのポイントは**「手」と「肩」をつなげないこと**です（左ページ参照）。首まわりだけ描き、その隣に「手」を描けば「動き」は十分に伝わります。全身を描こうとすると思うように描けないことも多いので、慣れるまでは体と手をつなげないで描くとよいでしょう。

イラストに動きが出せると、上手く見えるだけでなく、表情豊かで楽しい雰囲気が伝わり、お客様をその気にさせていく力になります。

ある飲食店ではメニューブックやPOPにシェフのイラストを入れたところ、シェフに親しみを感じてくださるお客様が増えました。「シェフが万歳したイラスト」など、ポーズをとったイラストで、「こだわり」や「おすすめ」を楽しく表現でき、店内の雰囲気も明るくなりました。

4つの手の動きをマスターしよう

5

【ハロー】

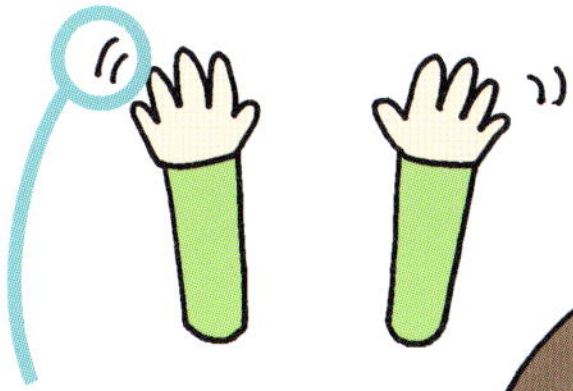

2本線で「動き」が
生まれる。(5-6参照)

【ピース】

【モノを持つ】

【がんばる!】

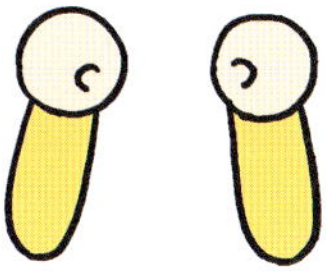

5 6

線で動きを生み出す

「3本線」で美味しく見える

私が主宰しているPOP講座で、多くの参加者が驚き、喜ぶ「3本線（2本線）」というテクニックをご紹介します。**今あるイラストに「3本線」を足すだけで、人の表情やモノの陰影、食べ物の鮮度感が引き立ちます**。その効果を「りんご」で見てみましょう。

1：りんごの形を描き、へたとして短い棒を足して「りんご」を描きます。

2：次に、りんごの右上部分に斜めの「3本線」を入れてみます。

どうでしょう？ ただの「りんご」がつやつやと輝いて見えませんか？

「2本線」で表情がイキイキする

他のものでも試してみましょう。

1：コップの絵を描きます。

2：コップに飲み物を描きます

3：コップの右上に斜めの「2本線」を加えます。

どうでしょう？ ただの「コップ」が冷たく輝いて見えませんか？ 人の顔でも試してみましょう。

1：女の子の顔を描きます。

2：頬に小さな「2本線」を入れます。両頬に入れてみましょう。

どうですか？ ただの「女の子」にニッコリとした表情が生まれました。

さらに顔の外側に「2本線」を足すと、まるで動いているように見えます。肩の近くに「2本線」があると、肩を動かしリズムをとっている様子に。手の近くに「2本線」があると、まるで手を振っているかのように見えます。**たった数本の「線」で、モノには輝きが生まれ、人には動きが生まれるのです。**

5 6

3本線で輝きが増す！
2本線でイキイキとする！

3本線で「美味しさ」アップ

BEFORE

AFTER

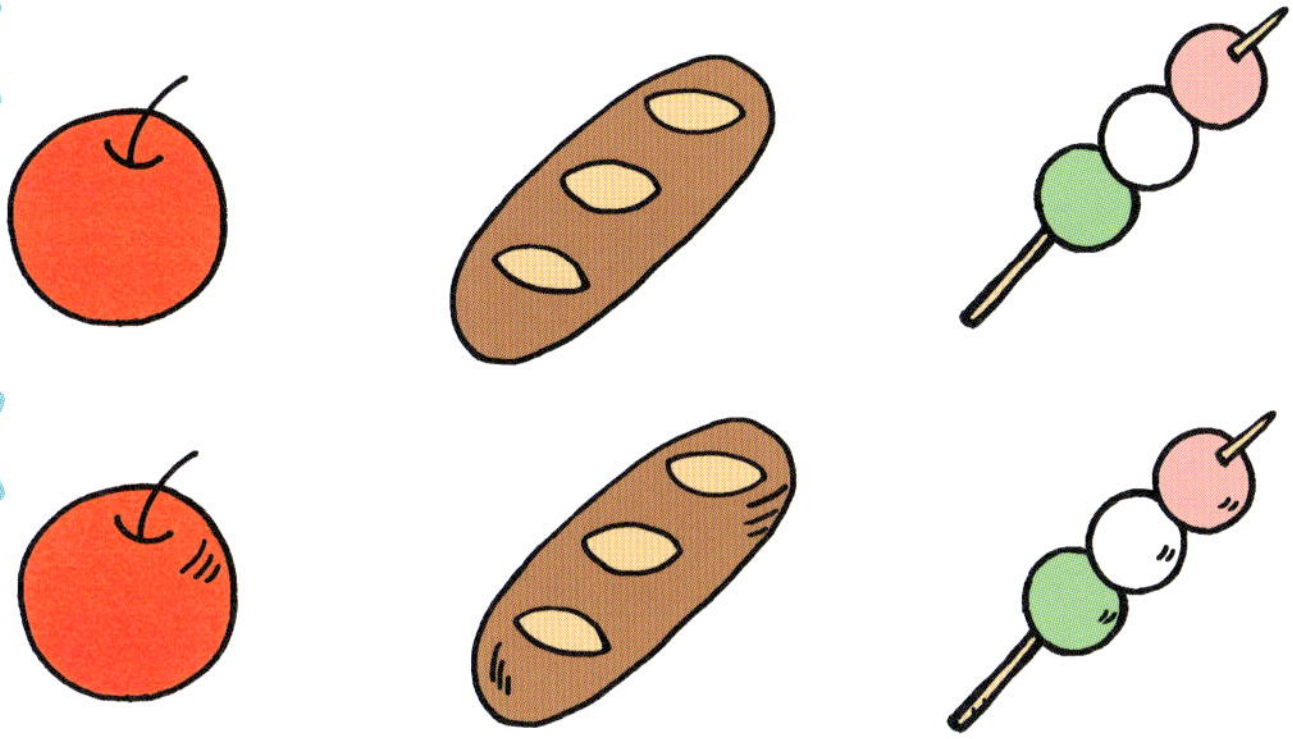

2本線で「輝き」アップ

BEFORE

AFTER

5 7

商品イラストに目と口を入れる

「仕上がりがいまひとつ」なときは

これまで様々な業種の売り場づくり、POP作成をコンサルしてきましたが、どの業界でも、どの店舗でも「この商品のイラストは難しいな…」と思うときがあります。たとえば食品業界では、「豆腐」「昆布」はとても難しいものでした。なぜなら、どちらも見た目が「白」か「黒」一色で、形状もワンパターンだから。絵でどんなに表現を変えても、その美味しさを表現しきることはできないのです。

そのとき、助けとなったのが**商品のイラストに「目と口」を入れる方法**です。

描き方はいたってシンプル。商品の輪郭をなぞり、なんとなく「それらしく見える」イラストを描きます。丸い豆腐なら丸だし、海でゆれている昆布の姿ならひらひら舞う昆布の輪郭を描きます。そして、最後に「目と口」を描きます。すると今まで「ただの豆腐」だったのが「何かを語る豆腐」に大変身！

商品を擬人化するとコメントが活きる

イラストに「目と口」を入れることで「商品を擬人化」し、プラスアルファの情報を伝えることができます。何も語らない「モノ」に何かを「語らせる」のです。

「モノ言わぬモノに、モノ言わすモノづくり」。これは、私の大好きな九州の明太子ブランド椒房庵《しょぼうあん》の社訓です。POPを作成するときにも通じる最大の心構えではないでしょうか。

POPはモノを言わない販売員です。だから私たちが代わりに、商品イラストに「目と口」を入れて、語らせてあげることで（5-8参照）、その商品の魅力が、お客様にまっすぐ伝わる効果が生まれるのです。

目と口を入れると
イラストが動き出す

5 7

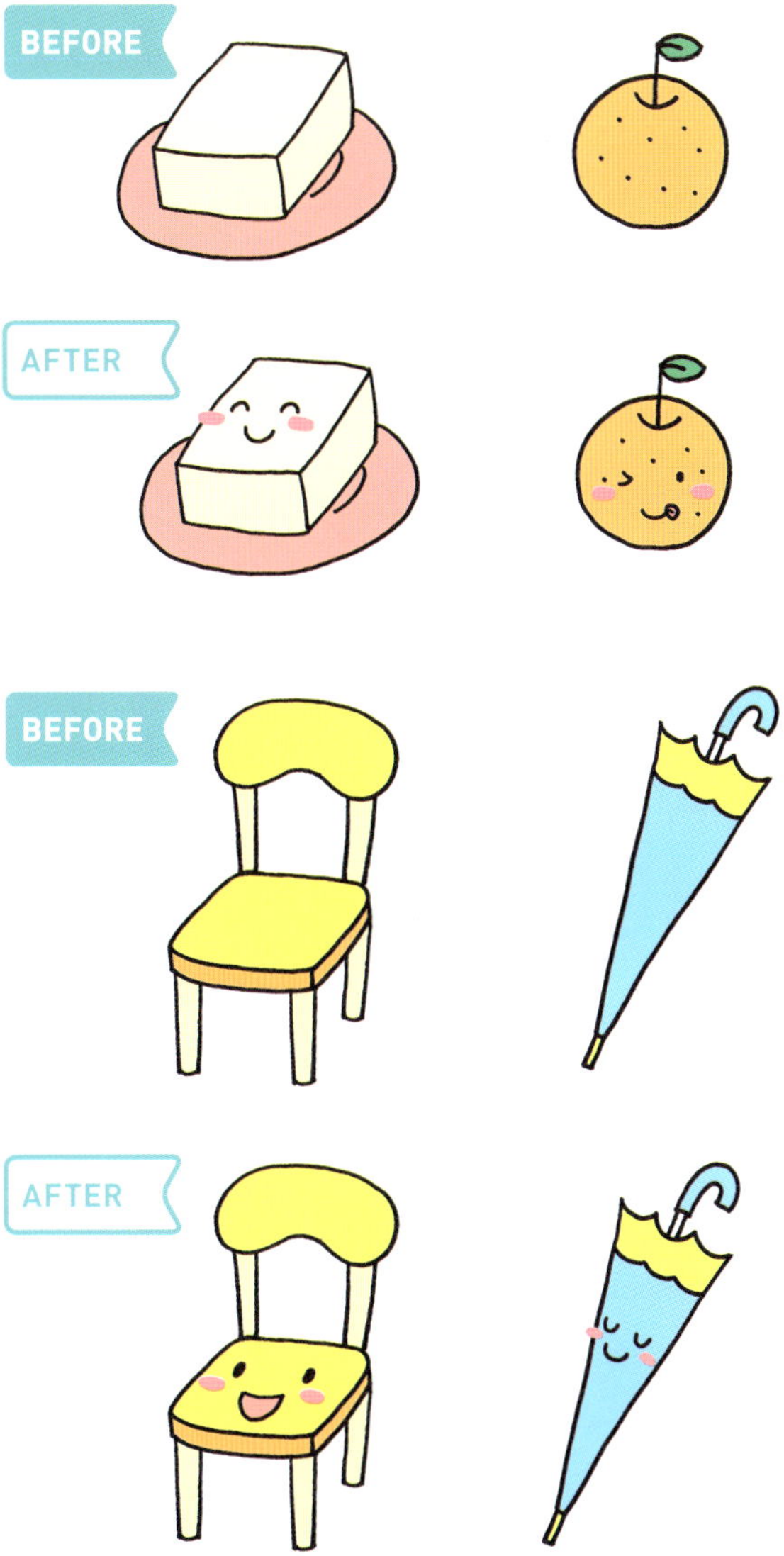

目と口が入るだけで、
その商品が何かを
「語ろう」としている
ように感じられます。

5-8

キャプションを入れる

絵で見せて、キャプションで読ませる

イラストに自信がなくとも、キャプションを入れることで、商品に対する理解を促せます。前項で紹介した「商品を擬人化する」手法を組み合わせれば、「モノを言わないモノ」が語り出すイラスト入りのPOPのでき上がりです。

お客様に対し、イラストで「目を惹きつけ」、キャプションで「読ませる」。その結果、**注目度を高めるだけでなく、商品の魅力の深い理解につながるのです**。

魅力的なキャプションとは？

キャプションには、商品の魅力を書きます。たとえば、蜜たっぷりのりんごであれば、「中身は蜜たっぷりのりんごです!」。野菜たっぷりのピザであれば「たっぷり野菜がのった焼きたてピザです!」と書きます。

内容はキャッチと重複しても構いません。商品の特徴や魅力は、「見たらわかるだろう」と思わず、**具体的な言葉で繰り返し書くことで確実に伝わります**。

キャッチを書く際に、載せ切れなかった情報もあったと思います。50ページで述べた「切り抜きPOP」と同じように、その情報をキャプションとして使うのも効果的でしょう。

キャプションの入れ方は、「吹き出しコメント」や「矢印」を使って詳しく書くことをおすすめします。イラストが思うような仕上がりではなかった場合、特にキャプションを書き足してみてください。

商品イラストがプロ並みでなくても、すべてが揃わなくとも、最後にこのキャプションコメントが救ってくれます。

商品に特徴を語らせる

どんなモノなのか？ 解説付きなら伝えたいことがもっと伝わる！

第6章

POPの世界の色づかい

6 1

色の効果を知る

暖色系と寒色系を使い分ける

暖色は、食欲を増進する色であり、見る者を活動的にさせる色です。血や肉の色に近く、その色を見るだけで私たちは食欲が湧いてきたり、ポジティブな気持ちになります。そしてさらに購買意欲も湧き立ってくるのです。

寒色系は、見る者の心に落ち着きを与えます。誠実さや清潔さを感じられますが、食欲は抑えられ、冷静な気分になるため、お買い物心ゴコロは抑えられがちです。POPでは、寒色を使うことで誠実さを表す効果をねらいます。

POPは、お買い物を応援するツールです。お客様のニーズと商品の良さをマッチングさせて、購買を促します。ですから好き嫌いだけで色合いを選ぶのではなく、お客様のお買い物を応援するという意図で色を選んでいってください。

まずは、POPの全体の色味が暖色系なのか、寒色系なのか？　振り返って確認しましょう。

目指す店の雰囲気で色を選ぶ

ある商店街の花屋さんでは、あえて花の色を主役にするために、POPを書く用紙の色を黒一色で統一しています。かつては庶民的な花屋でしたが、**「おしゃれ」な雰囲気を演出したいと思い、売り場に「黒」を取り入れたのです**。それによって花の色を主役にしながら、真面目な経営姿勢を表現することに成功しました（105ページ参照）。

黒はまじめさ、そして大人の雰囲気をつくります。黒いPOPを使うことで、花の色を目立たせつつ、おしゃれな雰囲気を持つお店に変わったのです。

色の効果を理解したうえで、お店のコンセプトに合わせて使っていきましょう。

色が持つイメージを理解する

6 1

ナチュラル

ベージュや生成《きな》り、茶系、グリーンなどの色が入ってくると「ナチュラル」な雰囲気を演出します。

かわいい

ピンクや水色、黄緑をベースにしたパステルカラーは「かわいい」雰囲気を演出します。

子ども向けの商品やファンシー雑貨との相性がよい。

クール

青みが強い色合いや、黒や白といったモノトーンが使われると、クールで都会的な印象を演出。

ゴージャス

金色や銀色は「ゴージャス」な雰囲気を演出。派手な印象も演出します。
金箔入りの用紙を使うことでも、ゴージャスなイメージをつくれます。

6-2

文字の色は3色まで

色でキャッチを目立たせよう

4章で説明した「7つの質問」の中からキャッチコピーを決め、基本レイアウトに従って、いざ書こうとすると「色選び」に迷う人は多いようです。POPをすでに学んでいる人なら同系色や補色の関係などの「知識」をご存知かもしれませんが、いざそれを実践しようとすると難しいものです。

「文字の色は3色まで」。これを基本と考えましょう。まずは**「一番目立つ色をキャッチコピーに使うこと」が大前提**になります。そのキャッチコピーが引き立つよう、2色目と3色目を選ぶとよいでしょう。

おすすめの3色の組み合わせは次の通りです。

- **「赤×緑×黒」**
- **「緑×オレンジ×茶」**
- **「ピンク×水色×黒」**

「派手に見えそうだけど、大丈夫？」と思われるかもしれません。しかし、業種業界を問わず、多くの売り場でパッと目を惹く組み合わせなのです。

ある豆腐専門店では、「和」や「伝統」といったこれまでのイメージを一蹴し、先の3色の組み合わせで明るいPOPを展開したところ、20～30代の若いお客様が急増しました。色がお客様の心をつかんだ好例です。

迷ったら「目立つ」色を選ぶ

使うべき色は、売り場の状態や商品の色味でも変わりますし、店舗のコンセプトに合う色、合わない色もあります。**選ぶ基準は、その現場で「目立つかどうか」**。32ページでアイドマの法則として述べたように「商品が目立つ」「お客様の目に入る」「足を止めさせる」ことを再度思い出して決めましょう。

明るい配色が店内をがらっと変える

6-2

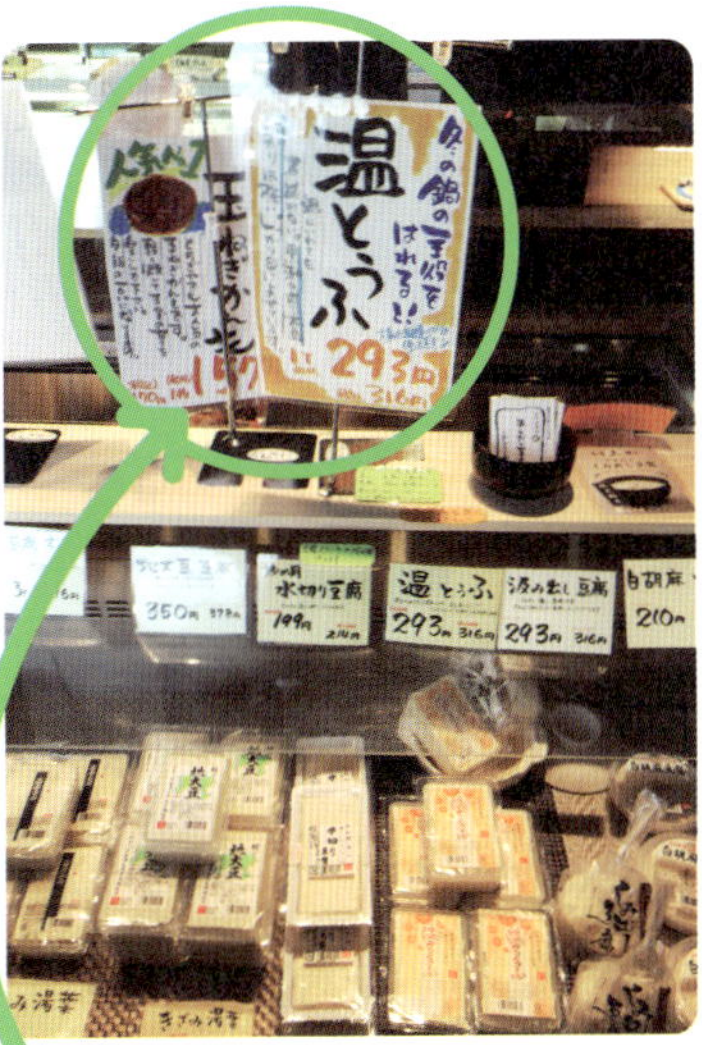

一見、派手なPOPでも、売り場全体で見れば、ちょうどよくなる場合が多々あります。店内の照度が暗めのこの豆腐屋では、明るい色のPOPで、明るい雰囲気が演出できました。

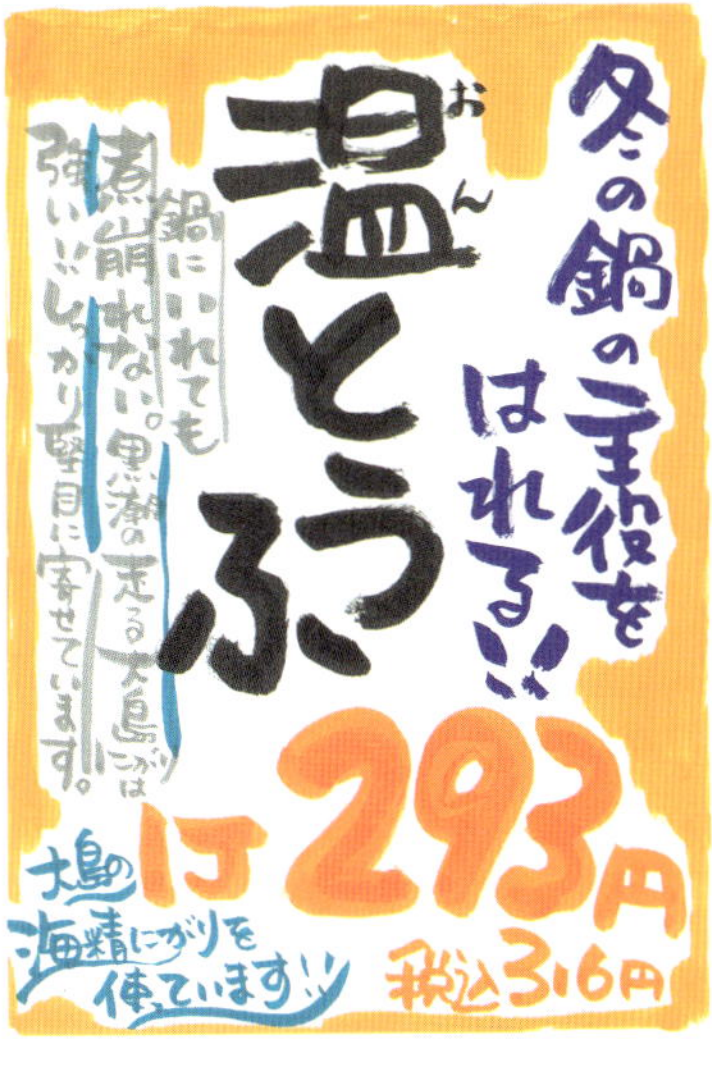

6 3

「目立つ色」とは？

まずはこの「3色」から選ぼう

繰り返しになりますが、色選びの際に一番大切な基準は「目立つかどうか？」です。

単色で考えた場合、①赤、②緑、③黄の順で目立ちます。どんな売り場でも、「売上№1」「一番のおすすめ」「新商品」と目立つ色で書かれたキャッチが目に飛び込んでくるのではないでしょうか。最も伝えたいキャッチは、この3色から選べば間違いありません。

2色、3色の組み合わせにも挑戦

2色配色の場合、強さの順位は変わります。

1位：地が黒×文字が黄

2位：地が黄×文字が黒

これらの組み合わせは、工事現場で危険を知らせる際に用いられているものです。売り場では、大売り出しの際に使われることもありますが、ときに安っぽく見えてしまうため、「文字を丁寧に書く」「光沢のない紙を選ぶ」など、使い方に工夫が必要です。売り場では、次の3位以降の組み合わせもよく使われます。

3位：地が白×文字が緑

4位：地が白×文字が赤

5位：地が白×文字が青

白い紙にPOPを書くことが多いと思いますので、**1色目として緑、赤、青を選択し、2色目として補色を1色、3色目として類似の色を1色選ぶとよいでしょう**。補色とは、オレンジと青、黄緑と紫、黄色と青といった引き立つ色の組み合わせのこと。これらは「互いの色を目立たせる」効果が強いため、補色を使いつつ、3色目は同系色を組み合わせるのがおすすめです。

色が目立つ「組み合わせ」を使う

6 3

目立つ色の配色ランキング

	単色の場合	2色の組み合わせの場合
1位	赤	地が黒、文字が黄
2位	緑	地が黄、文字が黒
3位	黄	地が白、文字が緑
4位	白	地が白、文字が赤
5位	青	地が白、文字が青

黄色と黒の組み合わせ。
目立ちやすく、わかりやすい。

赤は単色で最も目立つ色。
視線は、赤の面積を増やせば増やすほど集まる。

6 4

季節に合った色を使う

色が変われば店内の印象も変わる

お店に「活気」をつくるために、POPを使って「変化」を生み出す方法を2章で述べました。この**「変化」を手っ取り早くつくるために「色」を使うのもおすすめです**。キャッチを書く際、「季節の色」を文字に使ってはいかがでしょうか？　また、POPを書く紙やPOPを貼る台紙に「季節の色」を用いるのもおすすめです。

季節ごとに適した「色」があります。たとえば、「ピンク」を見るとたいていの方は「春」を感じます。ピンクで書かれた「季節限定」という文字を見れば、「春」と言わずとも「春」に伴うイメージや価値を受け取ります。

春夏秋冬で、POPに使う色を替えることで店内に自ずと「変化」が生まれるのです。ぜひ取り入れてみてください。

行事イベントごとにもカラーがある

「季節の色」と同時に、季節イベントに相応しい色を使うことも取り入れてみませんか？

たとえば、「母の日」は新緑のシーズンで緑や水色を使いたくなる時期ではありますが、やはり**売れるのは「赤」**です。母の日の象徴は赤のカーネーション。カーネーションを描かなくとも、赤をメインで使うことで母の日を連想してもらえます。

ハロウィンは「オレンジ」。ハロウィンの象徴であるおばけカボチャの「オレンジ」と「黒」が使うべき色合いとなります。この配色でPOPを書けば誰もがハロウィンを連想します。

季節の色、季節イベントの色をPOPに取り入れれば、売り場に旬と活気が生まれ、いつもお客様で賑わう繁盛店へと変わるでしょう。

6 4

四季によって使う色を変化させる

四季をイメージさせる色

	主な季節の色	そのほか	連想するもの	ポイント
春	黄緑 ピンク クリーム	桃色、桜色、すみれ色、山吹色、水色	若葉、若草、桃、桜	明るさ、暖かさ、柔らかさを演出する
夏	青 水色 緑	オレンジ、深緑、黄色	海、空、水、葉、草原	コントラストの強い配色が良い。寒色を基調とし、爽やかなイメージを与えられる
秋	黄 ベージュ 茶	オレンジ、赤	月、枯草、土、枯葉	落ち着きのある豊かな感じの色が良い
冬	赤 白 灰	金、緑	雪、星、クリスマス	寒い季節には暖色系でまとめ、ホッとさせる

春のPOPの一例

夏のPOPの一例

6 5 赤を効果的に使う

「赤」は、売上を伸ばす色

赤は単色で最も目立つ色であり、何かを強調する際に一番力になる色です。時に「安売り」のイメージを与えてしまうこともありますが、「赤」はお買い物ゴコロを最もダイレクトに刺激します。

赤を基調にした商品のPOPを付けると、お客様の注目が集まり、売上につながります。特に食品関係のお店は食欲を促す色でもある「赤」を活用していきましょう。

食品関係以外の店舗でも、赤の効果は変わりません。**アパレルのバーゲンなどでは赤系のディスカウントPOPがよく使われています**。お買い物ゴコロが刺激され、積極的にお買い物を楽しんでくれるでしょう。

少し使うだけでも効果あり

使い方としては次の3つがおすすめです。

1：「赤のアンダーライン」を引く
2：「売り出しキャッチ」を赤で書く
3：POPを「赤い紙」に貼り付ける

特に読んでもらいたい文字や文章にアンダーラインを引くことで、メッセージが強調されます。

また、「新発売」や「一番人気」といった売り出しキャッチを赤で書くと、さらに目立ちます。

POP初心者の方は、**「キャッチコピーは赤で書く」とルールを決めてもいいでしょう**。

さらに目立たせる方法として、POPを赤い紙に貼るやり方があります。POPよりひと回り大きいサイズの赤い紙を用意し、そこにでき上がったPOPを貼り付けます。

これは、強化商品にはぜひとも使いたい手法。食品専門店、バーゲンセールなどでは、特に有効です。

迷ったら「赤」を選ぼう

6 5

赤	●目立つ　●元気　●明るい

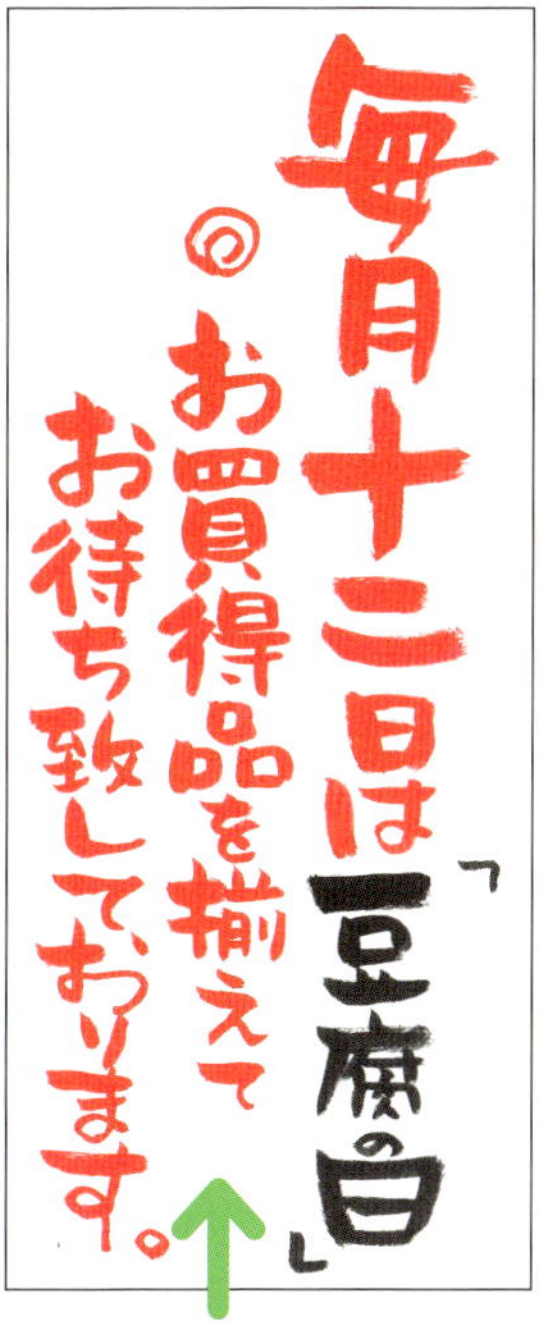

赤文字は注目度が高まります。伝えたい内容を赤で書けば、それだけで売れる確率は上がる！

ポイント的に「赤」を足すことで、モノトーンでも目立つ色合いに。

こんなマイナスイメージもあります

「派手な印象」「うるさく感じる」「安いイメージ」など。このようなイメージを出したくない場合は、使用面積を小さくしましょう。

6 青を効果的に使う

「青」は、誠実さを感じさせる色

「青」を使う際は、メリットとデメリットを理解する必要があります。

青のメリットは、「上品」「知的」「清潔さ」「誠実さ」のイメージをつくれることです。**紺色を使えば老舗が持つような堅実なイメージ、水色を使えば爽やかで軽やかなイメージがつくれます。**

職人の手づくりの逸品（味噌、酒、茶）を販売している店舗では、青や同系色である紺が合います。

一方、青のデメリットは目立たないこと。商品の品揃え数が多く、在庫も多い店舗では、「青」で目立たせるのはとても難しいです。また、食欲を抑える色でもあるため、飲食店や食品専門店では積極的におすすめできません。

「青」の弱点を赤で補う

青の持つ誠実で爽やかなイメージを使いたい場合は、次のことを取り入れてください。

1：「白」と組み合わせて目立たせる
2：筆ペンで曲線を足す
3：「赤」と組み合わせる
4：小さめのお店で活用する

「白地に青の文字」というのは、とても目立ちます。その際、筆ペンを使用するとより効果的。真っ白の紙にダイナミックに書いていきましょう。

手書きの「曲線」は、パソコンＰＯＰのフォントが持つ、冷たく堅い印象を緩和できます。

また、「赤」の文字や線をポイント的に取り入れると、青のクールさが抑えられます。たとえば、判《はん》子《こ》のように赤の「屋号」をＰＯＰの端に入れるだけで印象は変わります。**青は広がりをもたらす色でもあるので、小さな店舗が広く感じられるでしょう。**

誠実さを「青」で表現する

6-6

青	●かっこいい　●清潔感　●誠実さ、知的

青を食品に使う場合は、ポイント的に「赤」を使いましょう。
食欲を抑えずに、誠実な雰囲気をつくれます。

こんなマイナスイメージもあります

「食欲がなくなる」「寒いイメージ」など。そのイメージを崩さず青を使用したい場合は、赤やオレンジなどの暖色を一緒に使いましょう。

6

7 緑・黄を効果的に使う

自然派かつ目立つ「緑」

「緑」は癒しの色です。店内でも都会の雑踏のなかでもとても目立ちます。たくさんのファンがいるスターバックスコーヒーも、ロゴは白と緑の組み合わせ。緑は、目立ちつつ自然の爽やかな印象を感じさせるので、好印象を持たれるお客様が多い色です。

そんな緑は、ＰＯＰに使うと目立ちつつ、爽やかな印象を与えてくれます。1番商品ではなく、2番手商品や定番商品に使うと効果的でしょう。ヒーリングの色でもあるので、オーガニック食品などに合います。産地が明確な確かな食品に活用しましょう。

ただし、**その瞬間に売り切りたい、爆発的にヒットをねらいたいというような場合は、前述した「赤」や次に述べる「黄」を選択したほうが効果的**です。

元気な「黄」。安っぽさには要注意

「黄」は、とにかく元気な色です。そして未来や希望を感じさせます。店内に黄のＰＯＰがあるとパッと明るい空間が広がります。

お買い物への意欲は、店内の明るさと比例関係にあります。明るければ意欲は高まるため、「一番のおすすめ！」商品には、「赤」や「黄」で明るく見せましょう。特に「黒×黄」の組み合わせは、最も目立つ配色。大特価セールやバーゲンなどに使っていきたい組み合わせです。

一方、黄は「安さ」も感じさせる色です。目立つという理由から子ども用のスクール帽に使われていたり、子どもっぽいイメージを持たれてしまうこともあります。「店格」が気になるときは、黄を多用しすぎないようご注意ください。**ポイントやアンダーラインなどに制限して使うことで、バランスよく効果を発揮できるでしょう。**

「緑」は自然、「黄」はパワーを表す

6-7

緑　●やさしい　●癒される　●自然派、オーガニック

ナチュラルで、オーガニックな特徴を持つ商品は、「緑」を使うことでその印象がより広がります。
一方で「落ち着きすぎる」「リラックスしすぎる」「買う意欲が落ち着く」といったマイナスイメージもあります。

黄　●イキイキさ　●あふれるパワー　●元気

黄色の紙に黒の文字の組み合わせは売り場でも目立ちます。
一方で「安っぽい」印象を受ける、というマイナスイメージもあります。

6

8 カラーペーパーに書く

「いい紙」を使おう

日々の現場でPOPを書く際は、コピー用紙に書いて問題ありませんが、代わりに少し「いい紙」を使うと、ぐっと上質な雰囲気が演出できます。

私が支援する旅館の売店の売り場づくりでは、いつも素敵な和紙を使います。雲竜《うんりゅう》や手漉《てす》きのものに直接筆ペンを使ってPOPをつくるだけで、和紙の質感が素敵な空間を演出しつつ、売上もすぐに上向きになります。

これは旅館の雰囲気が壊されない「売れるPOP」の好例です。リーズナブルな和紙も多く売られているので、気負わずに使ってみてください。

クリーム、ベージュは使いやすい

POPを書く紙の色ですが、白色のほか、**クリーム色やベージュ色は、どんな店舗でもどんな商品でも合いやすく使い勝手が良い色です**。

たとえば、オレンジ色の紙に黒いマジック、水色の紙に黒いマジックで書くと目立ちますので、よく使われています。本屋では黄色の用紙をPOPでよく使うので、あらかじめハガキサイズにカットした黄色い紙を常備しています。

紺、茶、黒のカラーペーパーに白いマジックやポスターカラーで書くのも目立ちつつ、おしゃれな雰囲気をつくれるので、よく使われる手法です。花屋、インテリアショップなどでは、**プライスカードなどをすべて茶や黒で揃えており、店内に統一感が生まれています**。今の店内空間を短時間でリニューアルしたいときは、黒いPOPが力を発揮してくれます。

模様入りの紙や質感の珍しい紙など、文房具店や百円ショップでいろいろ探してみましょう。

6 8

黒い紙に書けば、おしゃれに映る

品揃えの多い商品群では、キャッチではなく「商品名」に面積をとれば、違いがわかりやすくなります。イラストがあれば、味が伝わりやすいでしょう。

黒紙を使った花屋のPOP。花の色を目立たせながら、おしゃれな統一感を店舗に演出できます。

黒の紙は、食品でも非食品でも、物販でもサービス業でも、あらゆる業種で使える色です。丸文字で書くとおしゃれに見えます。

6 9 台紙とマスキングテープで色合いを調整する

いまあるPOPを一瞬で目立たせる

POPを台紙に貼り付けるだけで、注目度が高いPOPへと様変わりします。

台紙の色は「目立つ」色がいいでしょう。98ページでも説明しましたが、赤い台紙はよく目立つので、常備しておくと重宝します。私は、100円ショップに揃っているB5サイズのカラーペーパーをよく使っています。味噌、米、酒、旅館などの「和の商品（お店）」や高単価な商品には、少しこだわった「和紙」を台紙として使うのも効果的です。

自然素材も使ってみよう

紙の他に、木の板、コルク板、ボードなどに貼ると、目立ちつつ食品から非食品までカジュアルで自然な雰囲気を演出でき、店全体の雰囲気を変化させられます。「東急ハンズ」などのホームセンターには、様々な木板や枝が販売されています。

アクリルフレームでPOPを挟めばスタイリッシュな雰囲気になります。どんな手書きPOPを挟んでもセンスよく感じられやすいのでおすすめです。A4サイズ、ハガキサイズとサイズ違いで並べて変化をつくりましょう。

マスキングテープでデコる

POPにマスキングテープを貼るのも簡単に目立たせられる技の1つです。目立つだけでなく**「かわいい」「ポップ」な雰囲気に一瞬で変わります。**

たくさんの色や模様があるので、「目立つ色って何色だっけ？」と楽しみながら選んでみましょう。イラストの柄だと目立ちすぎてうるさい印象になってしまうので、ストライプ、水玉といったシンプルな柄がおすすめです。ぜひ試してみましょう。

6-9 台紙に貼れば もっと注目される

POP を色紙に貼れば、目立ちつつ、店内の雰囲気も変わる。

「和」の商材には、千代紙を台紙として使うのもおすすめ。店舗の雰囲気をより良くしてくれる模様の紙を選んでみましょう。

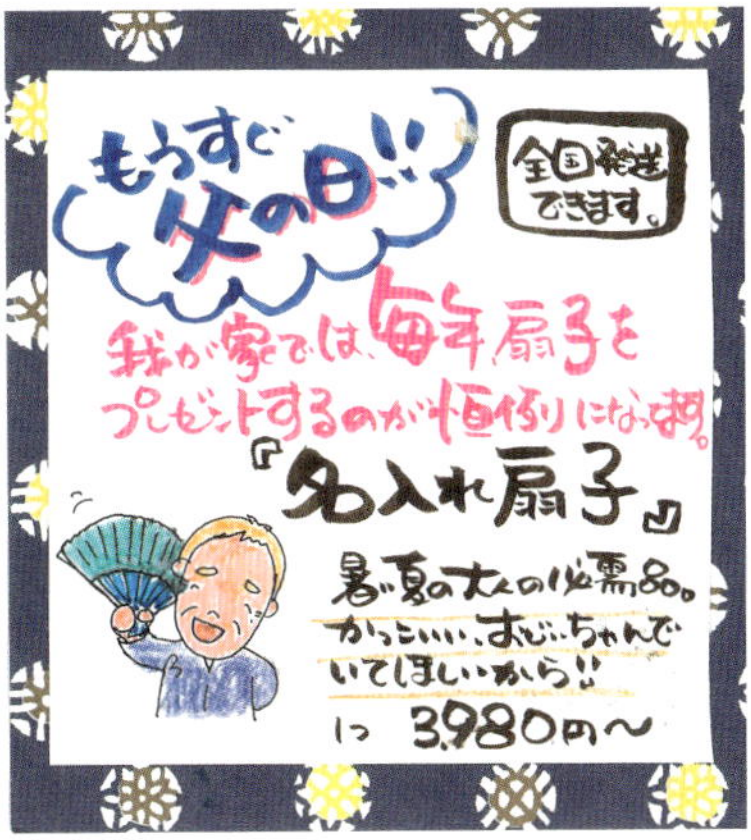

マスキングテープを貼るだけで、明るくてポップな雰囲気になります。楽しみながらつくってみてはいかがでしょうか。

第7章

200%活用する！
POPの付け方・置き方

7 1

POPを点在させる

POPが力を発揮する4つの場所

POPは、最も人が多く行きかう場所（ゴールデンスペース）に置いてください。なぜなら最も売上が伸びやすいからです。

店舗のつくりやレイアウトによって変わりますが、次の4つの場所が候補になります。

1：入口前・入ってすぐのスペース

誰もが入口を通って店内に入ります。そのため、ここが最も大切な場所になります。入口周辺には、必ずPOPを置きましょう。内容としては、季節商品やイベントを示したPOPを展開するのが効果的です。

2：メインの平台・棚、メインスペース

店内の平台・棚にも必ずPOPを置いてください。目安は「幅1mにつき1枚のPOP」です。棚の場合は、「1什器につき最低1枚」。1500㎜以上の高い棚の場合は、「1什器につき2枚以上」POPを付けましょう。

3：エンド（各ゴンドラごとの通路に面した場所）

エンドでは次期主力商品や2番手商品のPOPを展開します。通路に面した場所はよく目に入るため、ムダなく活用しましょう。多くのお客様に見てもらえるので、活用せずに什器の脇部分をむき出しにしたままでは機会損失になります。

4：レジ前

レジ周りは「ついで買い」を誘いやすい場所です。「新商品！」「一番人気です」など目が留まるキャッチコピーや、「訳あって半額です」など価格の安さを伝えるPOPが適当です。

これら4カ所が「売れやすい場所」であり、POPを置くべき場所になります。場所ごとの特徴を理解したうえで、POPを展開していきましょう。

POPの力を引き出す場所を理解しよう

● POPを置くべき4カ所

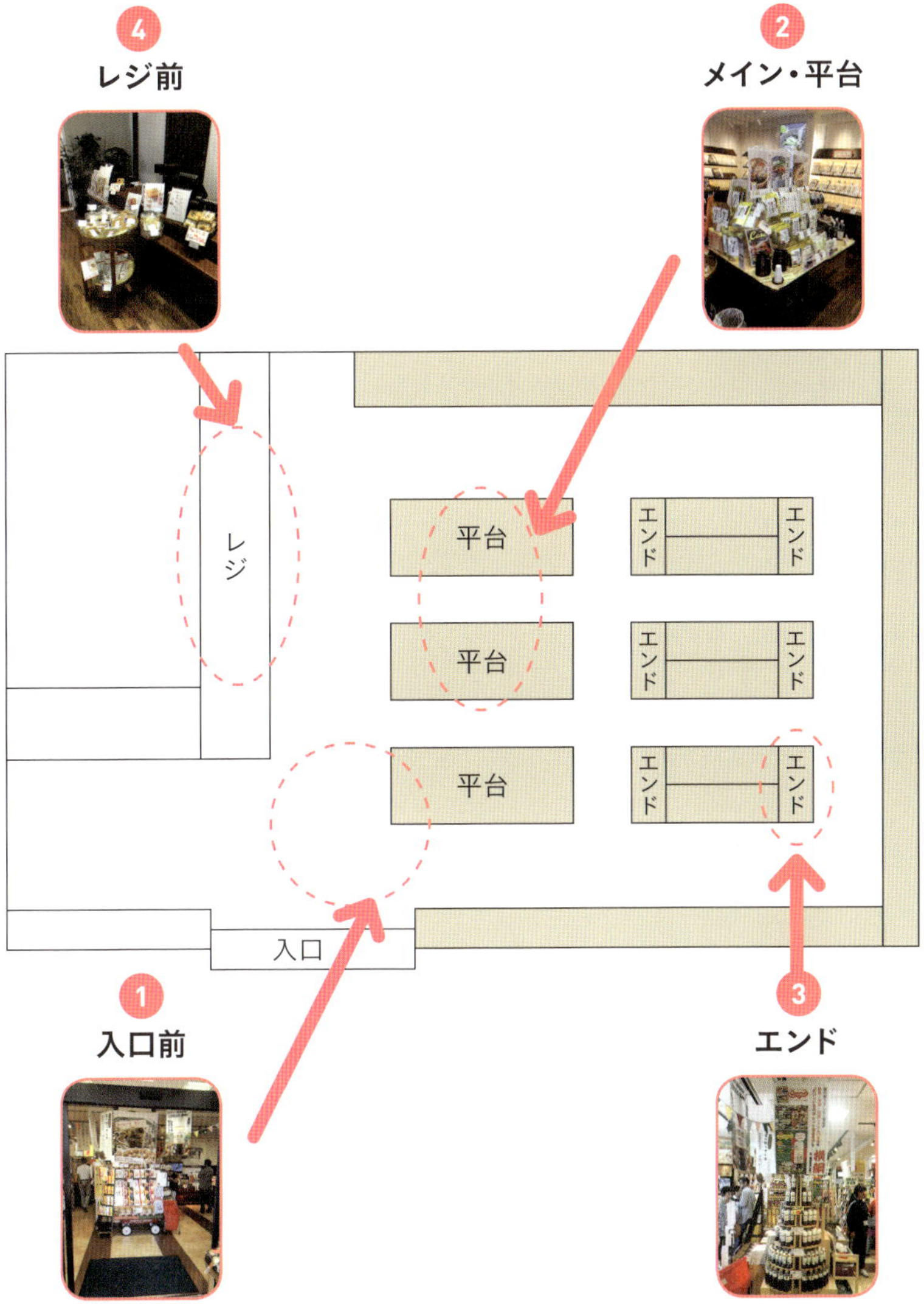

7 2

お客様の「目線」に合わせて付ける

目線は、上から下に動く

前項では、ＰＯＰを付けるべき「場所」について触れました。置き場所だけでなく「高さ」にも気を配ることで、ＰＯＰの効果はさらに高まります。

ここで想像していただきたいのは、お客様の「目線の動き」。目線はたいてい上を見て、そこから下へと流れます。つまり、**入店した瞬間、店奥まで上から下へと見渡しながら「あそこにレジ」「あそこに探している商品群」と店全体を把握します**。

実践してほしいことは、目線が上がる約１８００〜２１００㎜の高さにテーマを示したＰＯＰを配置すること。お客様の目線はそこにあるＰＯＰを見て、いったん留まり、また下がります。視線が下りた位置に、売りたい商品のＰＯＰ、そして商品そのものがあることが理想です。

高い場所のＰＯＰで目が留まって商品を知り、また目を留めて商品を知る。お客様の動きは、この繰り返しです。

あるサービスエリアにある土産物コーナーでは、この高さに戦略的にＰＯＰを付けたところ、店内の回遊性が高まり、買上率も1.2倍に上がりました。

商品説明は、やや高めの位置で伝える

商品についての詳しい情報を伝えるのに効果が高い高さは、１５００㎜（大半の女性客の目線の高さ）です。この場所では、魅力的なキャッチを大きく見せましょう。**売れるＰＯＰの鉄則である「ぎっしりＰＯＰ」が最も効果的に伝わる高さです**。

そのうえで、商品やプライスカードなどは７００〜１１００㎜の高さ＝「お客様の手が伸びやすい高さ」に展開します。これらの３つの高さのＰＯＰを経て、お客様に商品を手に取っていただけます。

入口に立って店全体を確認しよう

7-2

● **テーマPOPは1800～2100㎜**

地上から1800～2100㎜の位置に、テーマ、イベント、キャンペーンなどを伝えるPOPを置く。お客様の目線は、まずこの高さに上がり、ゆっくり下りながら店全体を見渡します。

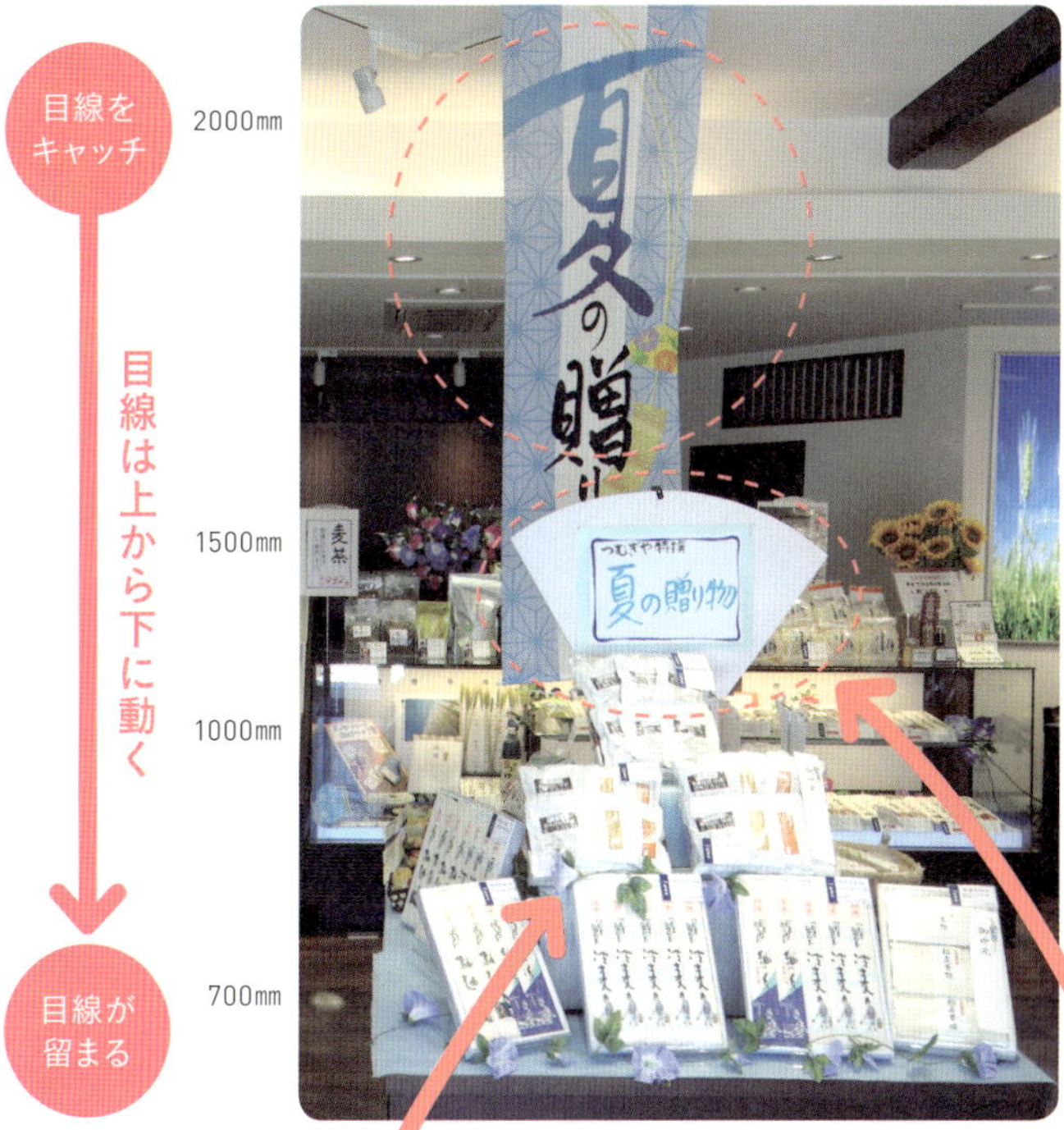

● **プライスカードは700～1100㎜**

多くの女性客の手が伸ばしやすい高さが1000㎜前後（和菓子店のガラスケース上の高さはこの高さ）。この場所には、プライスカードなどを置く。お客様は商品と見比べながら、情報を見ていくので比較検討がしやすい。

● **主力商品POPは1500㎜**

お客様が足を止めて、見る目線は地上から1500㎜の場所。そこに主力商品を伝えるPOPを配置する。この写真の店舗では「夏の贈り物」とギフト商品を伝えている。

7 3

サイズごとの役割を知る

まずはA4を使いこなす

「POPは、どれぐらいの大きさがいいですか?」という質問をよくいただきます。

POPのサイズは、おおよそ4つに分かれます。A2のポスターサイズ、A3サイズ、A4サイズ、そして名刺よりひと回り大きいA6サイズです。本項では、サイズごとの「役割」や置くべき「場所」をご紹介します。

●A2サイズは、店頭や店奥での吊りPOPとしてイベントやキャンペーンの案内に最適です。

●A3サイズのPOPは、各コーナーがどんな「テーマ」でまとめられているのかを伝える働きで使うとよいでしょう。特にエンドや主導線に面した平台など、通行量の多い場所で使うと効果があります。スーパーの通路に面した、特売品が山盛りの陳列コーナーを想像していただくとわかりやすいでしょう。たいてい「○○フェア」といったPOPが付いています。

●A4、A5サイズは、業種・業態、店舗面積を選ばず、日常的に使いやすいものです。キャッチコピー、商品名、商品説明、価格を一度に伝えられます。

●A6サイズには、価格を伝えるプライスカードなどがあります。

テーマは大きく発信する

A2、A3サイズは、意識しないと効果的に使えません。「そんなに大きくないとだめ?」と疑問に持たれる方も多いですが、入口に立った際に、開催しているイベントや売り出し商品のテーマが目に入るか、今一度見直してください。イベントとテーマを明示するだけで、**売り場はまとまり、お客様だけでなくスタッフも意識がそこへ向かいます。**

4種類のサイズを使いこなそう

7 3

	サイズ	内容	置き場所
テーマPOP	A2サイズ 420×594㎜	●商品分類のテーマを知らせる ●催事・イベントを案内する	●店頭A看板は、店奥・天井から吊り下げる
	A3サイズ 297×420㎜		●各コーナーの什器に設置
商品POP(大)	A4サイズ 210×297㎜	●キャッチコピー、商品名、商品説明を伝えるPOP	●主力商品、その他商品
商品POP(中)	A5サイズ 148×210㎜	●キャッチコピー、商品名、商品説明を伝えるPOP	●主力商品、その他商品
プラスワンPOP(切り抜きPOP)	名刺サイズ程度	●「新発売」「でき立て」など、一番に伝えたいメッセージを伝える ●POPに書き込めなかったキャッチを伝える	●POPに付ける ●商品を陳列する棚などに設置

7 4

新商品にPOPを付ける

新商品は売りやすい

POPを付けるだけで、その商品は「特別扱い」されることになりますが、新発売は一番特別扱いしてあげるべき時期です。「新しい」というだけで興味・関心を惹かれるお客様も多いので、**素直に「新発売」と書いた吹き出しPOPを活用することで、売上はアップします**。

吹き出しPOPで「新」を強調させる

今あるPOPに「吹き出しPOP」を足すだけで新商品である価値が伝わります。そのとき、1つ付けただけで済ましている売り場も多いですが、**1つだけでなく複数付けたほうが効果は上がります**。

たとえば、新商品コーナーを1mくらいの平台につくるとしましょう。その際、最低3個は「新発売」と書いた吹き出しPOPを付けてください。POPに貼るだけでなく、商品自体に貼ったり、台に貼ったり、貼る場所は様々で構いません。**「新発売」という文字情報が3カ所以上に見えることで、新しいという価値がちゃんと伝わります**。

またその際、台や棚の「縁《ふち》」も有効活用できるスペースです。「新発売」と書かれた帯を用意し、吹き出しPOPと帯POPと合わせることで「新発売」が強調されるのです。

この新発売の時期に腰が引け、訴求することにためらいがちな方もいらっしゃるかもしれません。訴求しているつもりという店舗もよく見かけます。

繰り返しますが、「新しさ」は売れる価値です。自信を持って伝えてください。

今以上に「新発売」POPをプラスし、新しいという価値を強調して伝えてください。POPの世界で「やりすぎ」はありません。

「新商品」はもっと売れる

7
4

「でき立て」という新しさを伝えるのも効果あり。

「新発売」を伝える時期が終わった後も、吹き出しPOPを外せばそのまま使うことができるので便利。

「新商品」POPを付ける期間は、商品の購買頻度によって変わります。「発売から4週間以内」など基準を決めましょう。

7

5 主力商品に目立つＰＯＰを付ける

売れている商品が一番伸ばしやすい

商品を「売上貢献度」で分類すると、「主力商品群」と「2番手商品群」に分かれます。キャッチコピーや商品説明など、ＰＯＰに書く内容はどんな商品でも変わりはありませんが、扱い方を変える必要があります。つまり「主力商品」に付けるＰＯＰは、「大きさ」「色」「イラスト」すべてにおいて「2番手商品」のＰＯＰと比べ、強調させてください。

サイズに差をつけ、色を「赤」や「黄」などより目立つものを選び、切り抜きＰＯＰをプラスで付ける。このように、どこをとっても特別扱いされていること。これが「主力商品」のＰＯＰの基本となります。

「主力商品」は売れる場所に置く

そして何よりも、どこに置くかが「主力商品」と「2番手商品」の違いになります。**「主力」ですから、その店舗の「一番の立地」を用意します**。つまり前述した「売りやすい場所」である、入口前、メインの平台のほか、棚段の真ん中などの目立つ場所に主力商品とそのＰＯＰを配置します。

やや左側のほうが手に取られやすい

ＰＯＰも商品も陳列する場合、中央よりも少し「左寄り」に設置するとより効果的です。

人間は身体の左側にあるものに反応しやすいと言われています。左側で物体に反応し刺激が右脳に伝わり、情報として処理されます。**主力商品は2番手商品の左側に設置すると認知度が高まります**。

サイズは大きく、一番立地のやや左側に展開すること。これが「主力商品」を売るＰＯＰの基本です。

主力商品と2番手商品のPOPに差をつける

7 5

● 主力商品

約 1.3 倍のサイズ差。
このサイズの違いで“特別扱い”の商品だと一瞬で伝わる。

● 2番手商品

主力商品はA4、2番手商品はひと回り小さいA5サイズ。色も、紺よりも目立つ「赤」を主力商品に使っている。

7 6 ランキングPOPを付ける

「売上ベスト3」からはじめよう

業種・業界にかかわらず、お客様はランキングが大好きです。自分の買おうとする商品を他の人も買っている、その事実がわかると安心するのでしょう。「間違いのない商品である」という裏付けを、ランキングPOPから読み取るのです。

「選ぶことが苦手」という人にとっても、ランキングPOPは、迷いを解消する手がかりになるでしょう。

ランキングのカテゴリーは様々です。売上ランキング、スタッフの人気ランキング、手土産ランキング、注目度アップランキング……。ある書店では「出産祝い人気ランキング」「泣けるランキング」「読むのが難解ランキング」と独自にランキングをつくりました。このようなPOPを付けることで、お客様が嬉しそうに足を止め、手を伸ばしていました。

ランキングを通して「世間が何を選んでいるのか？」を知る。その行為自体がお客様の好奇心を満たすのかもしれません。まずは「売上ベスト3」からはじめてみてはいかがでしょうか。

レジ前でランキング一覧表を見せる

商品には切り抜きPOP（50ページ参照）でランキングを表示します。丸形POPに「売上ナンバー1」と書くだけで売れます。4位以下も載せてしまうと把握しづらいので、ベスト3までに絞って表示するのがおすすめです。

そのうえで、**レジ前にはランキング一覧表を貼りましょう**。レジでお買い物をする際に改めて見ることで「これも買おうかな」とついで買いが誘えます。

一覧表は、ベスト3より下位のものはメリハリをつけ、ベスト10まで載せるとよいでしょう。

売れ筋ベスト３は必ず伝えよう

7 6

● 人気ランキング

● 人気ランキング

● 売れ筋ランキング

● 女性に読んで欲しいランキング

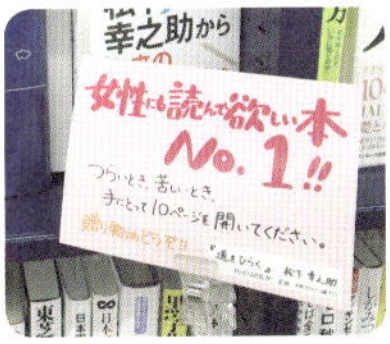

自店ならではのジャンル分けでランキングを発表しよう。
どんなランキングでもお客様は興味津々！

7 繁忙期ごとに付け替える

商品には売りやすい時期がある

　どんな店舗でも売れる時期と売れない時期があります。**POPは売れる時期の売上をさらに伸ばすために有効なツールです。**業種の特性によって異なりますが、必ず押さえるべき「商機」は次の5つです。

●**3月～4月：**お彼岸前後からの異動のシーズン。卒業祝い、入学祝い、異動の御礼などのニーズがあります。これは、どんな業種、商品も視野に入るでしょう。**「春のおめでとう」「入学おめでとう」といったキャッチを入れると、ニーズがつかめます。**

●**5月のゴールデンウィーク～母の日：**サービス業は売上アップ策を強化するタイミングです。体験もの、子ども・家族関連サービスを工夫しましょう。**「もう母の日！」「GWの予定はもう決めた？」と背中を押すひと言が有効です。**

●**8月：**お盆～帰省シーズンのため、手土産消費や来客のための買い替えニーズを刺激するいい時期です。

●**10月：**ハロウィン月間。いまや母の日に並ぶお買い物の時期です。「ハロウィン」という言葉をPOPに書くだけで注目されます。「和」の商材を扱う店舗でもチャレンジしてみてください。

●**12月：**クリスマス商戦。店内を赤・緑・青のクリスマスカラーで演出するだけで活気がつくれます。

歳時記と売上とも連動させる

　この他にも、**バレンタイン、ひなまつり、中元・歳暮も売れる時期です。**そこに、自店の売上のよいタイミングと突き合わせながら、POPを替えていきましょう。繁忙期に合わせてPOPを付け替えることで、気まぐれなお客様の心をつかめ、売上がさらに伸ばせます。

7

売れる時期を逃さない！

年間売上の推移（例）

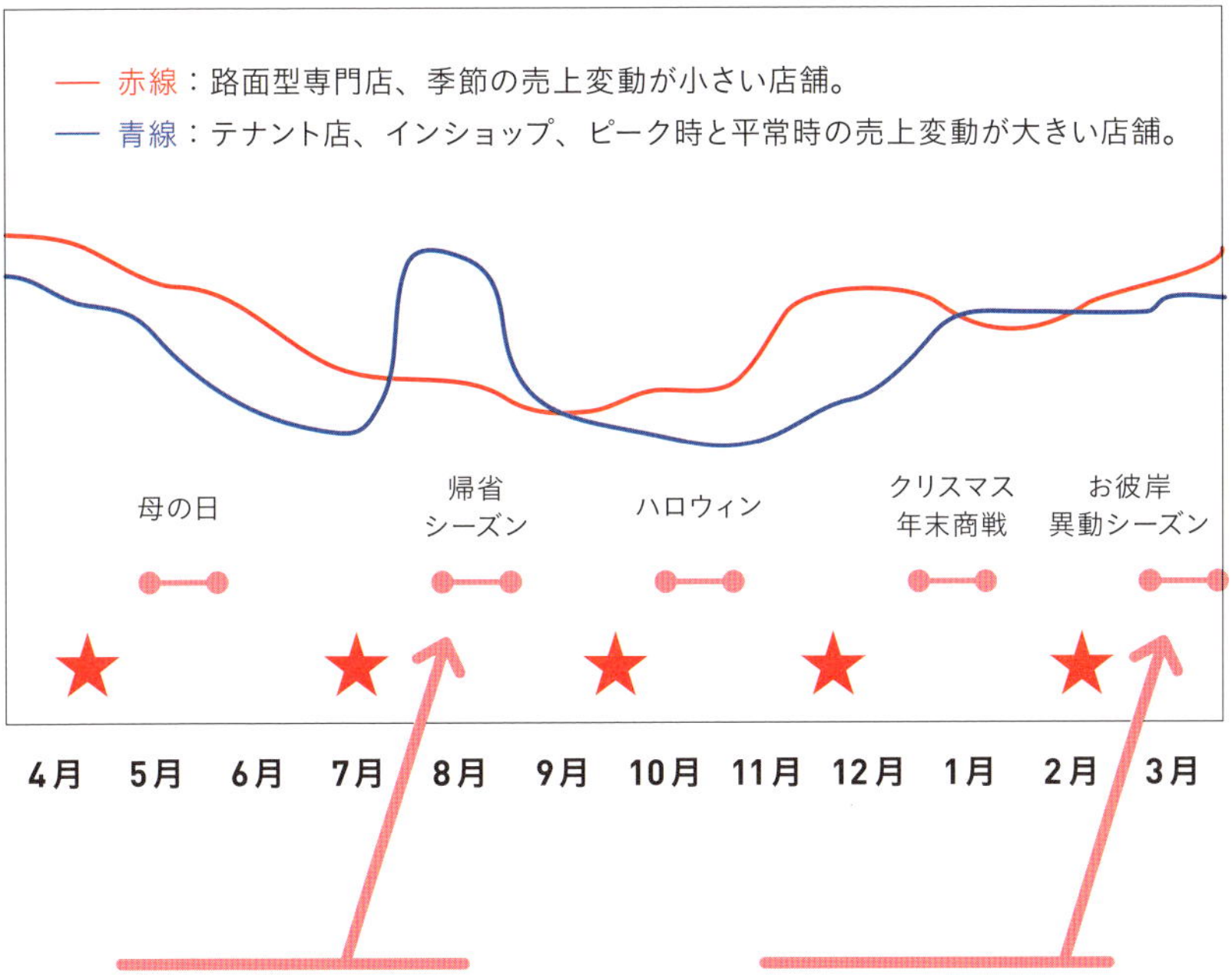

インショップなどでは、8月のお盆前後のピークはビッグチャンス。売り場づくり、POPづくり、在庫調整などを万全に！

3月〜4月の異動のシーズンは各業種・業界にとって売れやすいタイミング。前月2月中にPOPの準備を済ませましょう。

★ **POPを準備するタイミング**

4月中旬、7月下旬、9月下旬、12月上旬、2月下旬

7

8

POPの効果を検証する

売れる精度を高めていく

これまで述べてきたPOPの効果は、「数字（売上）」の検証を通して実際に知ることができます。その商品の売上が昨年の同時期に比べて伸びていれば「効果のあるPOP」、下がっていれば「効果が少ないPOP」となります。

毎日の「売上」を通して、POPの効果を検証できれば理想的なのですが、些末な業務がたくさんある現場ではそれが難しいこともあるでしょう。だからこそ前項で述べた「売れるタイミング」が終わるたびに、強化商品とPOPを見直すことをおすすめします。それによって、**「どの商品が、誰に、どんなキャッチコピーやPOPで売れたのか」を整理することができるでしょう**。もちろん売れている期間中に検証できると、効果はより高まります。

ノウハウを貯め、共有する

売れる時期ごとに売上を確認すると同時に、POPとその売り場の写真を撮っておきましょう。この写真が後々役立ちます。それを見れば「前年にどのような売り場でどれぐらいの売上だったのか？」を思い出せますし、今年の方針を検討する材料にもなります。

写真があることで、自分だけではなく他のスタッフにも、売り場やPOPづくりが真似できるでしょう。売上データとの付け合わせ、そして写真による記録や振り返りとともに社内やスタッフ間でLINEやチャットワークなどによる情報共有もおすすめです。

ある菓子店では、売上報告と現場の写真を毎晩シェアしています。他店の情報を知り、自店の取り組みを客観的に考えられ、現場の士気向上にも役立っています。

効果を検証することで売れ続ける店に変わる

7 8

年間売上の推移（例）

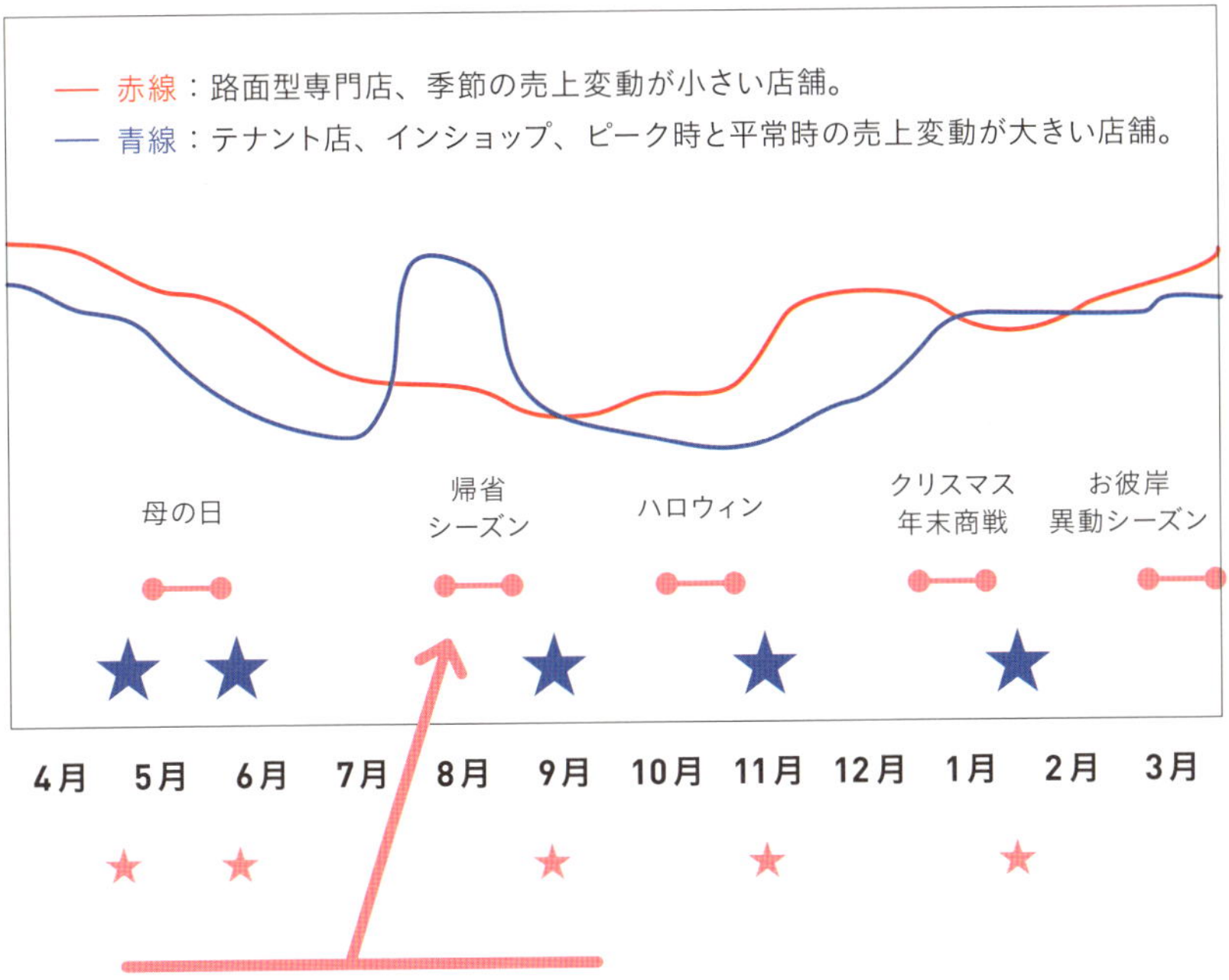

とくに8月下旬〜9月の時期は各業種ともに客数が伸び悩む時期。このときに、過去を振り返り、未来に向けて準備することが大切です。

POPを検証するタイミング

4月上旬、母の日後、8月下旬〜9月上旬、ハロウィン後、1月下旬

月別強化単品を整理し、それに基づいてPOPの効果を検証すれば、やりやすい。昨年比を基準に「目標通り」だったかどうか？　確認しましょう。

第8章

あのお客様の心をつかむ！客層別・書き分け

8 1

10代〜20代の女性

「憧れの女の子になる」

話題の商品だと教えてあげる

あるファンシーショップでは、10代の女性が好む雑誌から話題のネタを切り抜いてPOPにしていました。POPを付けると、お客様の動きがすぐ変わります。10代の女性にとっては、「ドラマで話題のオープンハート!」「人気のリボンモチーフ特集」というふうに**「話題(人気)であること」を伝えることで、購買が左右されるのです。**

また、大型ショッピングセンターのアパレルショップでは、雑誌を切り抜き、A4の紙にコラージュしたPOPをつくっていました。「この春はふんわりスカートがきてる!」といったキャッチをつけたら、追加発注をかけるほど売れたのです。

SNSとリンクさせる

雑誌のほか若い女性をターゲットにしたとき、外せないのがSNS。**近ごろは「インスタ(instagram:インスタグラム)映えする商品かどうか?」が若い女性の消費を左右します。**取扱い商品がインスタで話題であることを知ると、「自分もこれをインスタにあげよう!」とその気になります。SNSのアイコンとアップしている写真を貼ってPOPを作成すると、伝わりやすいでしょう。

ある菓子店では、インスタに取り上げる際のハッシュタグ(検索キーワード)をPOPに書いたところ、実際に拡散(シェア)されました。

この手法は、カフェやレストランなどでも効果的です。豪華な塊肉ののったトレー、パステルカラーのかわいいマカロンなど、絵になりやすく友達からコメントが付きそうなメニューを準備できるといいでしょう。**売上はもちろん、SNSで拡散されると、集客にもつながります。**

8-1

口コミで拡散してもらう

#（ハッシュタグ）をキッカケに、SNSで投稿してもらおう。
この実例は、10代の現場スタッフが考えたキーワード。ぜひ若いスタッフの力を借りましょう。

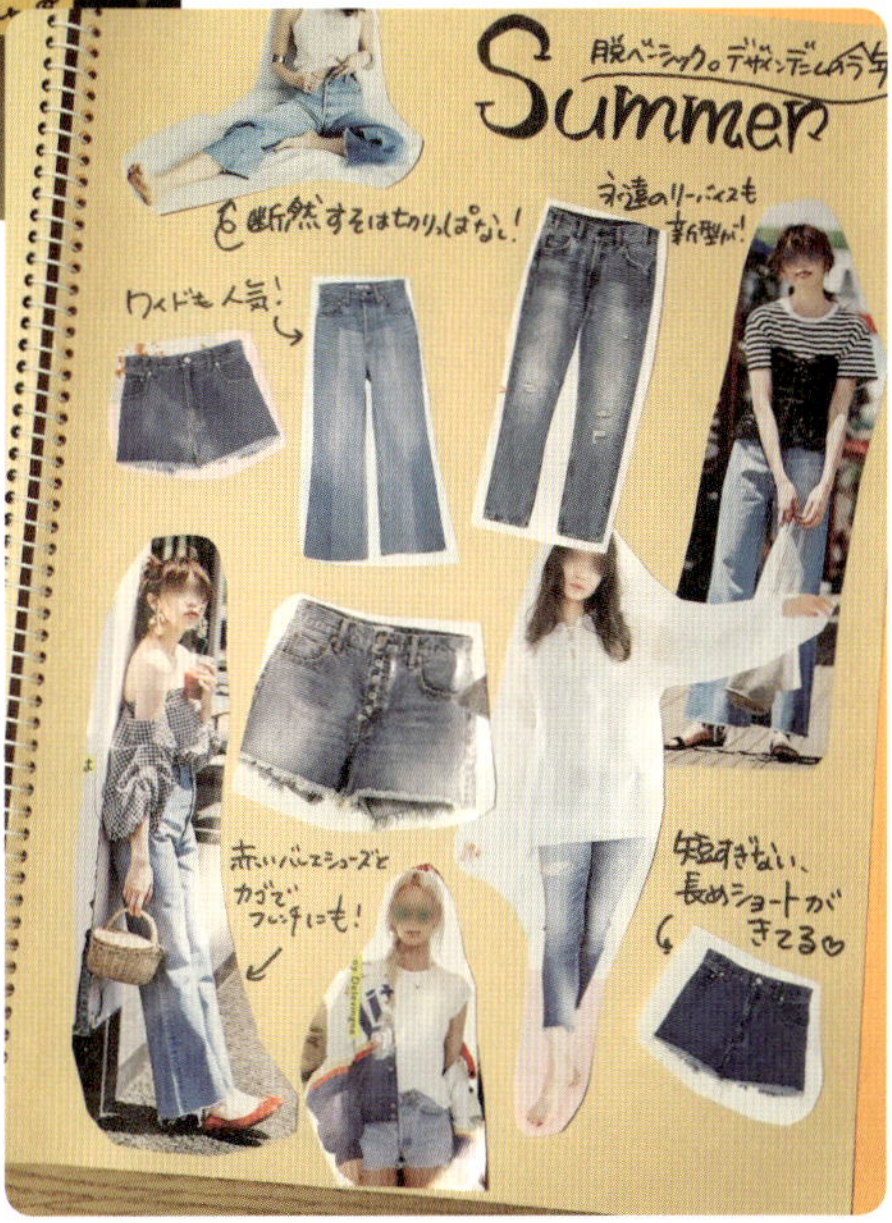

お客様が読んでいそうな雑誌を切り抜いてコラージュしましょう。
そこにキャプションをつければ完成です。

8 2

ビジネスマン

「疲れを乗り越え、できる男になる」

「できる男でありたい」という願望

小売業における男性消費の多くは、「疲れ解消」「できる男」「もてる男」の3つのニーズに応えたものです。

ある菓子店では、バレンタイン時期に売り出していた「お酒を使ったチョコレート」のPOPに**「できる男の手土産」というキャッチを書いたところ、抱えていた在庫をすべて売り切ることに成功しました**。POPが付くまではお客様の視野に入ることもなく、くすぶっていた商品ですが、違う「見方」をPOPで提示してあげることで、新しいお客様を開拓できた好例です。この3つのニーズから、キャッチコピーを見直してみましょう。

悩みを解消し、理想に近づく

また、男性ならではの「悩み」を解消することで「もてる男になる!」という未来を提案するPOPも有効です。たとえば「臭い対策」「疲れ対策」などは、様々な商品に可能性のある視点です。「そろそろ臭いが気になる年齢?」「疲れてイクメンなんて無理なパパ!」といったキャッチを付けると、多くの男性が振り向きます。そういった効果を望める商品(タオル・消臭剤・食べ物・飲み物・サプリメント・洋服など)で、効果を約束するシーンをキャッチコピーとともにPOPに表現しましょう。

あるドラッグストアでは例年販売している汗ふきシートが1.5倍売れた年がありました。やったことはPOPを替えただけです。男性消費者向けに**「パパくちゃいっ! そう言われたパパさん! この夏は汗対策!」**というキャッチを入れ、ランキングPOPを作成したところ、男性はもちろん、ご主人を心配する奥様も手にしてくれました。

男性にありがちな購買欲求を探る

8-2

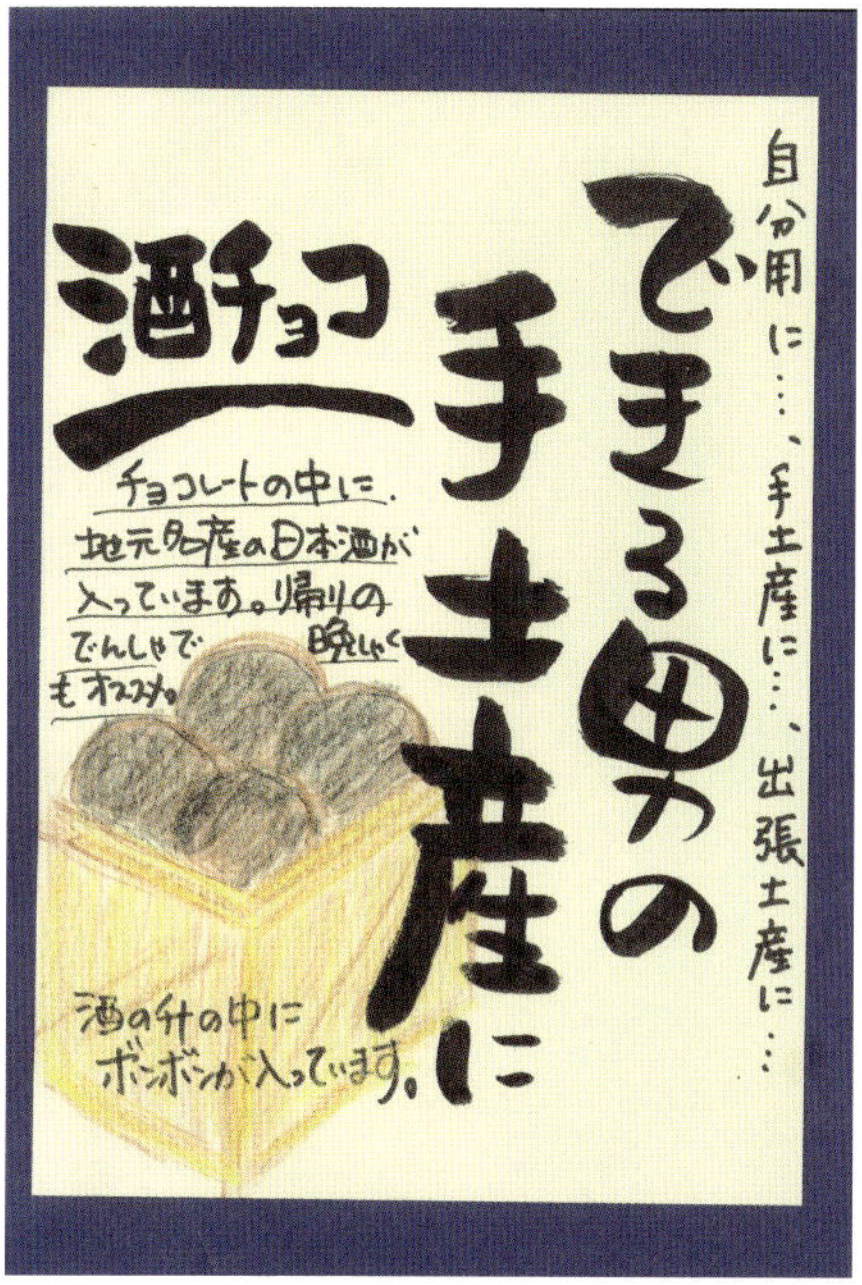

この「酒チョコ」は、店のバレンタインシーズンの人気商品でした。時期を問わず売れるようにしたいと考えて、こんなキャッチコピーに出合いました。

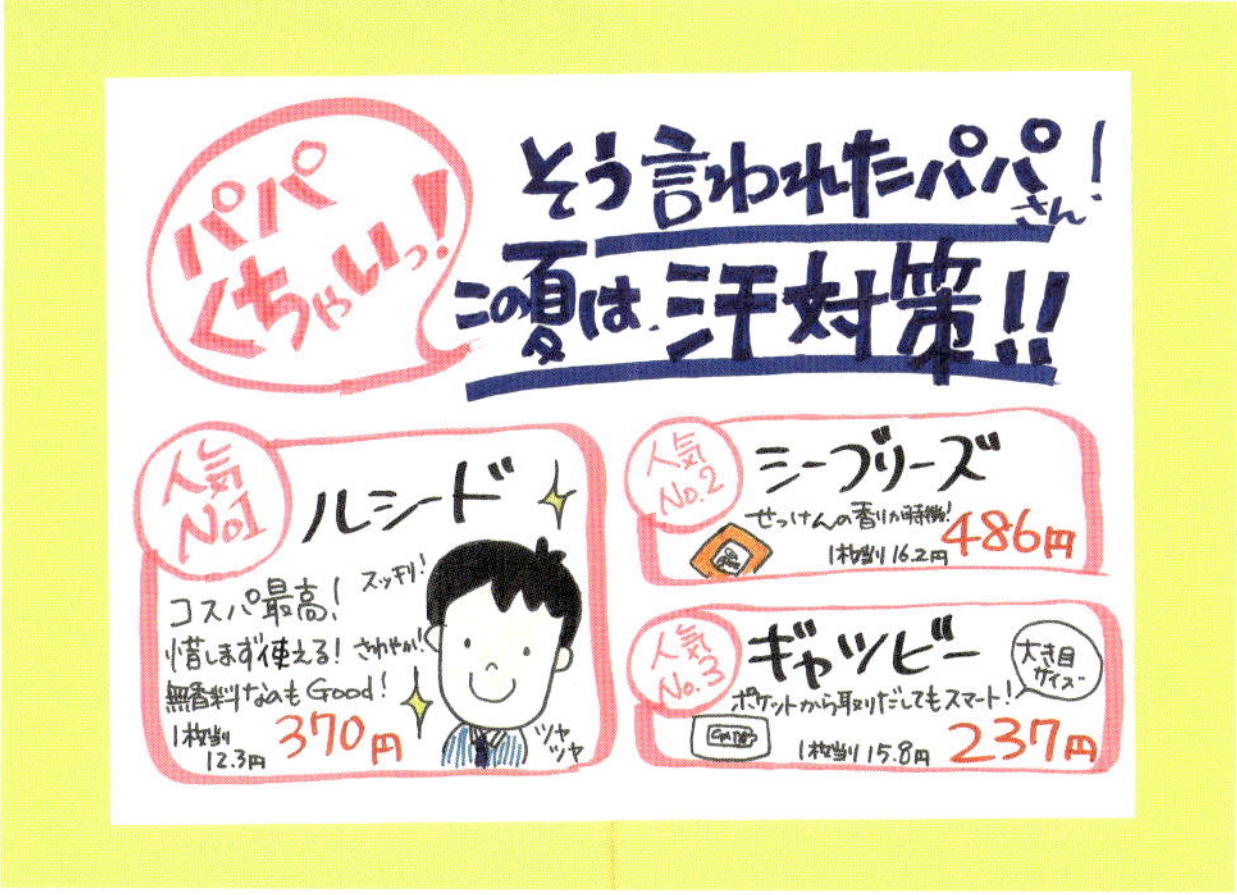

単なる「汗対策」よりも、「パパさんの汗対策」のほうが、商品の持つ効き目や効果がより強く浮き上がる。

8 3

子育て中のお母さん

「この忙しさから救ってほしい」

「忙しいママ」がキーワード

小さな子を抱える母親たちは、**「忙しいママさんへ」と呼びかけられると必ず反応します**。母親たちにとって扱いやすくて、便利で活用できるグッズはぜひこのキャッチを使ってみましょう。

オリジナルのレトルトカレーを扱っているある食品セレクトショップで、最も効果があったのが、**「忙しいお母さんに！　常備しているととっても便利！」**というキャッチコピーのPOPでした。さらに吹き出しPOPとして「私のカレーよりおいしいと子どもが言うのは困るけど、時には楽していいよね！」という感想を付けました。その結果、お店では売れる時期ではない春先に、通常期の1.5倍のまとめ買い客が増えたのです。子育て中のお母さんを労《いた》わってあげるひと言を考えてみてください。

子を主役にすると、母の心がつかめる

「子どもにとって、その商品がどうよいのか？」を伝えるPOPもお母さんに有効です。

食品では「オーガニック」「子どもにやさしい」といったワード。非食品では「子どもが喜ぶ」「子どもの頭がよくなる」「背が伸びる」といったものが効果的です。

ある書店では、仕掛け絵本に**「子どもの最高の笑顔が見れちゃう！」**というキャッチコピーのPOPを付けたところ、新刊ではないのに、売れ始めました。運動会シーズンに「靴を替えると足が速くなる！」というPOPを置き、売上を伸ばしている靴店もあります。

「子どもがいかに喜ぶか」は、親の最大の関心事。お子さんの実際の笑顔写真をつけたり、アンケートを貼ったりして、POPを強化させましょう。

8 3

キーワードは、「効率化」と「子ども」

子育て中のお母さんは、「自分は忙しいお母さん」と自覚しているもの。「使うと余裕が生まれますよ」というアプローチはとても魅力に感じます。レトルトカレーの常備（まとめ買い）を促した一例です。

子どもが喜んでくれることは、すべての親が望む幸せ。その幸せを、POP でそのまま言葉にすることで、思わず手を伸ばしたくなるのです。

8

4 アクティブシニア

「いくつになっても、かわいいが好き」

「大人のかわいい」を伝えよう

子育てが終わり、時間もあるアクティブシニア層。小売業からサービス業まで、この元気なシニアたちの消費を期待しています。

POPを書くうえで**注意していただきたいのは、「シニア」という言葉を使わないこと**。あくまでも「大人」と表現しつつ、「健康」「旅行」「孫」といったニーズを刺激していきましょう。

たとえば川越にある本屋では、このシニア層に向けて「旅行ガイド」のPOPに**「今だからこそできる旅を」「大人が楽しむ京都」**といったキャッチを入れて、たくさん売っています。

また、10〜20代の若者の向けに思える「かわいい」という言葉も、シニア層のお客様にも効くキャッチになります。20〜30代の女性読者が多いかわいらしいガイド本「ことりっぷ」のPOPに**「いつまでもかわいいって必要。かわいいを探す旅」**というキャッチコピーを書いたところ、60代の女性にもお買上いただけるようになりました。

猫好きがとくに多い

「かわいい」というキャッチに加えて、使ってほしいのが「猫」です。幅広い世代に猫好きはいますが、**売り場で一層効果を発揮するのはこの世代**。

商品を猫キャラに持たせたり、猫のイラストを切り抜きPOPにしたりするだけで、より目立ち、思わず手を伸ばしたくなります。

売り場を猫グッズで演出するのも効果的です。猫好きばかりではないのが事実ですが、猫ファンは猫関連のものにお金を使うことを惜しみません。猫がいる世界そのものが大好き。

ぜひPOPに猫キャラを足してみましょう。

60歳になっても“かわいい”が好き

大人の女性にとっての「かわいい」というのがポイント。「かわいい」を探す旅って？ と心に留まると成功です。商品を見ていただければ、その世界観を自分好みに解釈していただけます。

「猫キャラ」は、特にシニア世代にとっては、財布の紐がゆるむ要素。猫キャラに商品の魅力を語らせてみましょう。

8 5

20代後半〜30代独身女性

「ひと味ちがう！ 通！ がいい女！」

人一倍「話題」に敏感

社会人経験も何年か経ち、自分のために稼いだお金を使う独身女性たちは、「今、通の間で話題！」が大好き。雑誌に載っている、テレビに出た、SNSで話題…出所はどこでも、「通の間で話題」というキャッチがあると、注目してくれます。

ある食品専門店では「いりこ」の大袋を売り出しており、次のようなキャッチを書いたPOPを付けていました。**「今話題の『いりこ出汁！』いりこから出汁をとるっていい女！」**。

そのPOPを見て、「いりこ」って今まで関心なかったけれど、巷では話題なんだ！ と思っていただけた結果、通常期の3倍売れました。

「いい女」かどうかも大切な価値観

「通の間で今話題」という言葉だけで、この世代の女性の心をつかめるわけではありません。「いりこから出汁をとるっていい女」。この**「いい女」が、セットで使うべき売れるワードです**。当たり前のことで終わらないこだわりが、いい女の条件なのです。〇〇をするっていい女、〇〇が似合っていい女、いい女は〇〇を食べる…。人が描く「いい女」は十人十色ですが、目の前の商品を利用した結果、「いい女になれる」というゴールはとても魅力的です。

本屋でも、**「いい女は学んでる アドラー心理学」**というPOPを付けたところ、会社帰りに数多くの女性が、立ち読みされていました。

「通の間で今、話題のものを使いながら、いい女になりたい」という女心が20〜30代独身女性の消費には常に隠れています。

女心の世界をPOPに書けば、この世代の女性の心をつかめるでしょう。

大人の女は、おしゃれで通な流行を追う！

「今話題！」という言葉に弱い女性が多くいます。取り扱っている商品が「話題」のキーワードに当てはまらないか？　目を光らせましょう。

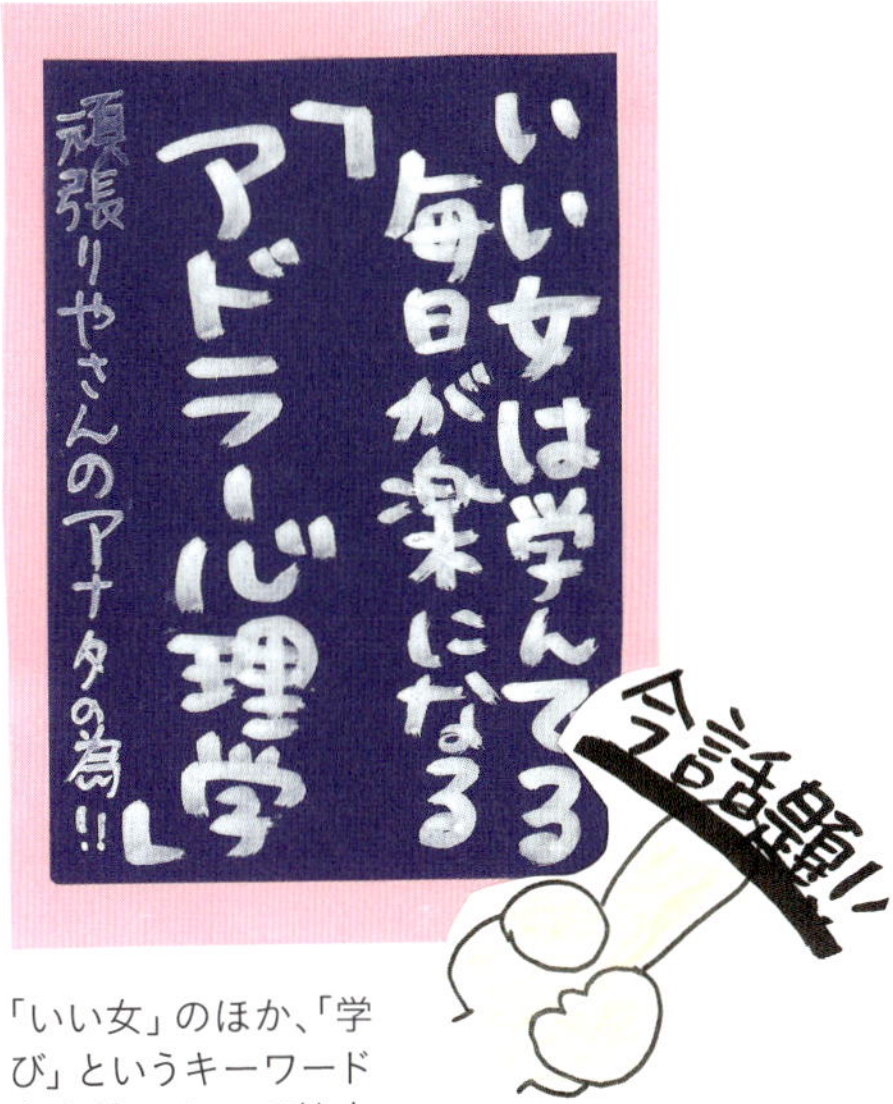

「いい女」のほか、「学び」というキーワードも女性にとって魅力に映ります。得する情報をPOPで伝えて、啓蒙しましょう。

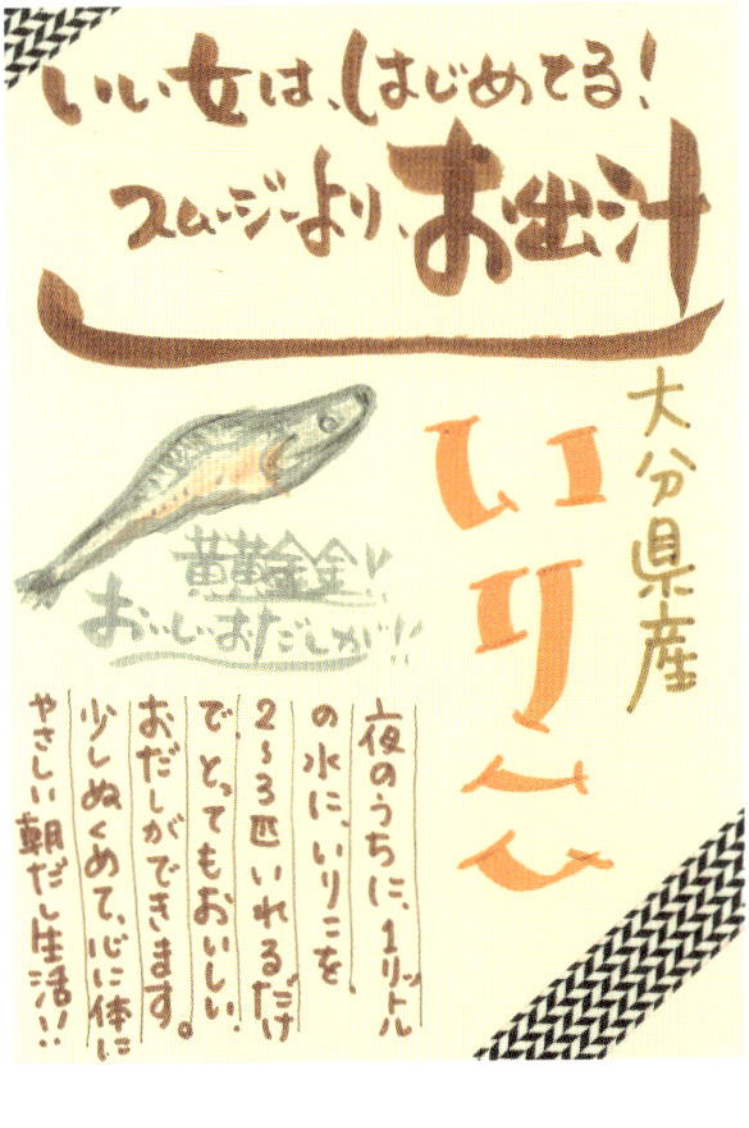

第9章

まだある！
こんなPOP事例

9-1 ウェルカムボード

入店時に「感謝」を伝える

岡山県にある養鶏場が営む卵専門店「うぶこっこ家」では、風除室（外気の流入を緩和するための玄関）の壁面に大きな黒板を貼っていました。そこには、旬の商品が「ようこそいらっしゃい」というメッセージとともに紹介されていました。どこでも手に入る「卵」を買いに足を運んでくださることへの「感謝」を伝える場として「入口」を使っているのです。

　あるパン屋さんの店頭ボードでは「本日まだミルクフランスお買上いただけます」と書いて、**人気商品が買えるというメッセージを入店のきっかけにしています**。店頭ウェルカムボードは、そんな「感謝」や「思い」を伝えやすい代表的なツールです。

ウェルカムボードで入店数を増やす

ボードに、日付や当日のイベントを書き入れて、店頭を歩くお客様の入店を促しましょう。POPの書き方を取り入れれば、さらに効果が高まります。

　商品説明やメッセージをつらつら書くよりも、先にその**メッセージをまとめる「呼びかけの1行」があると締まりが生まれます**。そしてPOP同様、ボードの3分の1をキャッチに割き、同じく3分の1で簡単なイラストを入れてあげてください。入口周りがいつもと違う表情を持つでしょう。

「すでにボードを書いているんだけど…」という方は、書き直すだけでなく、**置き場所を変えることもおすすめします**。ずっと同じ場所にあるだけでは、「いつもの風景」と化してしまいます。右から左へと動かしてあげるだけで効果的です。

　お客様がどんな気持ちでそこを歩くのかを考えると「売るぞ売るぞ！」という気迫ではなく、伝えたいメッセージがあることに気づかれるでしょう。

季節の話題や品揃えを店頭で伝える

9-1

楽しそうな雰囲気が出るようなイラストや色を使う。

予約客のお名前をボードに載せるのもよい。

ボードに写真を貼るだけで、お客様は興味を持って見てくれる。

9-2 接客にも役立つプライスカード

お客様にもスタッフにも喜ばれる

プライスカードは、商品名と価格、容量が正確に伝われば十分なものです。しかし「接客」の助けとなるようなプライスカードもおすすめです。これができると、スタッフの**商品知識が乏しくても「接客で売れる」店づくりを目指せます**。

販売スタッフは、接客を通して、お客様のニーズを引き出し、商品とのマッチングを図ります。こだわりのトークを準備している店舗も多いですが、スタッフ全員が同じように商品説明ができるかというと、そうではないこともあるでしょう。

そこで商品について聞かれそうな質問（使い方や内容など）を、予《あらかじ》めプライスカードに盛り込んでしまうのです。

24ページでもご紹介した「つむぎや」では、乾麺の種類ごとの特徴を覚えるのが難しかったため、すべてプライスカードに載せたところ、お客様だけでなくスタッフからも大好評でした。経験の浅いスタッフでも「こちらにも書いておりますが…」と堂々とお客様に対応できるようになったのです。

もちろん載っていないことを聞かれることもあります。そのときは、その質問内容をプライスカードにまた盛り込めばいいのです。

スタッフの育成にも効果あり

プライスカードを接客ツールにする「副次効果」として、商品知識をスタッフ間で「見える化」「共有」できることが挙げられます。そして**作成するプロセス自体が、商品やお客様への理解を深めるよいきっかけになる**のです。

短期間でスタッフが入れ替わる店舗では特に取り入れたい工夫です。

接客できなくても喜んで買ってくれる

9 2

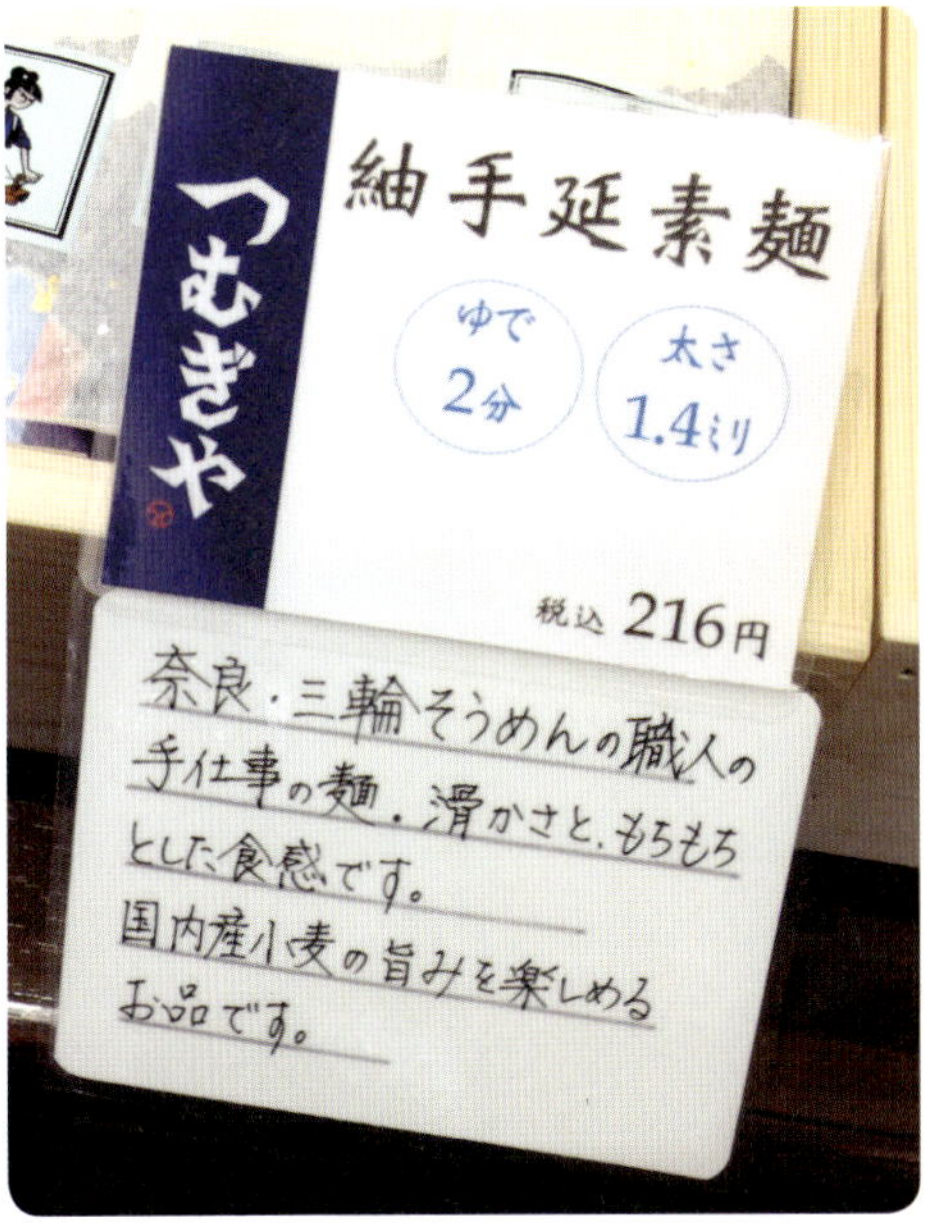

生産地・素材・使用方法…スタッフとして知っておきたい商品知識を、POPに詰め込むことで、安心して接客できる。

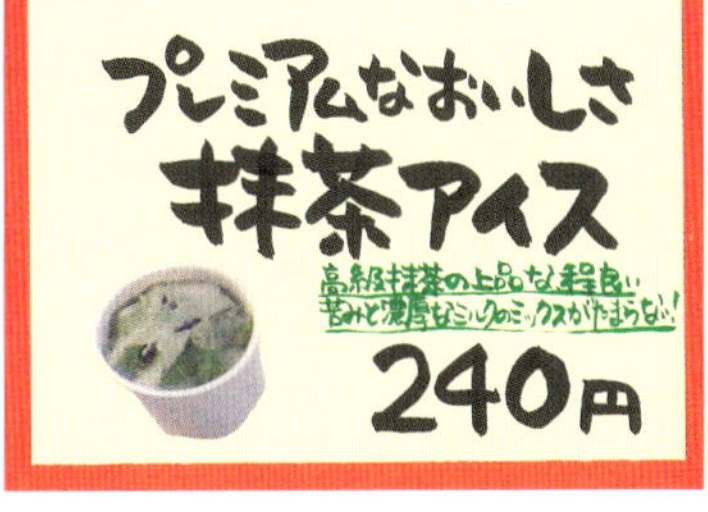

商品の中身を載せた写真、味の説明文も書いてあるから、お客様は（自分で）読んで理解できる。丁寧に味を表現してみましょう。

9-3 手づくりレシピ集

思わず持ち帰りたくなるPOP

前ページに続き「つむぎや」では、オリジナルの「だし」「めんつゆ」（麺に合うようつくられている オリジナル商品）が人気です。競合各社も、商品の独自性を宣伝していますが、この店舗では「シーズンごとのオリジナルレシピ」を紹介することで、飽きない魅力をお客様にお届けすることに成功しています。

こだわりを語る、お客様の体験談を伝える、メディアに取り上げられた実績を伝える。商品のよさを伝える手法はたくさんあります。そのうえで**「こんなふうにも使えますよ」という提案としての「レシピ集」が、売る力になります。**

この手法は、特に食品専門店ではおすすめ。お客様の反応は、**「いろいろ使えるなら買ってみようかな」「このレシピを持って帰ろう」**と様々ですが、目の前の商品の使い途が広がるので、好評です。

スタッフからアイデアを募る

まずは社内でレシピを公募してみましょう。きっと現場のスタッフならではの利用法が出てくるはず。「つむぎや」でも多くのレシピが出てきました。

- マヨネーズと混ぜて、ソースにしている
- 炊き込みご飯をつくってます
- かつおだしだけれど、洋風スープもつくれる

これらを1枚ずつPOPに仕上げ、A6サイズに縮小コピーし、自由にお持ち帰りいただけるよう、商品の横に設置すれば、お客様に喜ばれます。

完成写真を入れて仕上げるやり方もあります。データ化しておき、**ある程度レシピがたまってきたら、小冊子にして、お客様への販促用プレゼントとすれば、さらに活躍するでしょう。**

レシピも付いてなんだか得した気分になる

9 3

自由に持ち帰れるように、商品の近くに置く

レシピをつくると、商品と一緒にカゴに入れて、持ち帰っていただける。レシピは、「持ち帰れるPOP」のようなもの。とくに主婦に喜ばれています。

9

4 サンキューレター

大半の繁盛店が実践しているツール

あなたのお店には、自店の大ファンのお客様がどれだけいらっしゃいますか？　顔と名前が一致するお客様が何人いらっしゃいますか？

理想の店づくりが実現されているかどうかを測る指標は、ファン客の割合です。取り扱う商品にもよりますが、全体の10〜30％のお客様が「〇〇を買うなら〇〇店しか利用しない！」と言ってくれるのが理想です。**ファン客の割合が増えるにつれ、お店の売上も安定します。**

2、3回目の来店が勝負

お客様の顔と名前が一致するようになるため、まず挑戦していただきたいことは、短期間のうちに2〜3回来店していただくことです。

それによって、**お客様は店舗や商品に「なじみ」を感じることができ、今よりさらに足を運びやすくなるでしょう。**

1回目から2、3回目の来店のきっかけとなるのが「サンキューレター」です。次の3点を押さえれば誰でもすぐに書けるでしょう。

1：買っていただいたことへ感謝を伝える
2：購入商品名とその後をうかがう
3：かわいいイラスト、キャラを描く

ぜひ筆ペンではがきに書いてみてください。見た目のインパクトが大きくなり、受け取った人はより注目してくれます。郵便受けで一際目立つでしょう。

こういった「インパクト」「温もり」は、メールでは表現できません。手書きのサンキューレターだからこそできる印象です。サンキューレターをきっかけに、お客様がさらに喜ぶ提案を考えていきましょう。

お礼状を送ると、リピートしてもらえる

9-4

「感謝」を大きく表現すると書きやすい

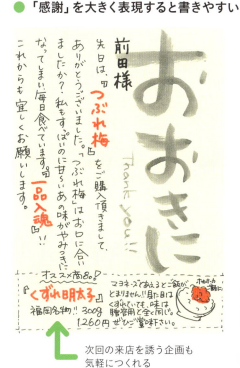

次回の来店を誘う企画も気軽につくれる

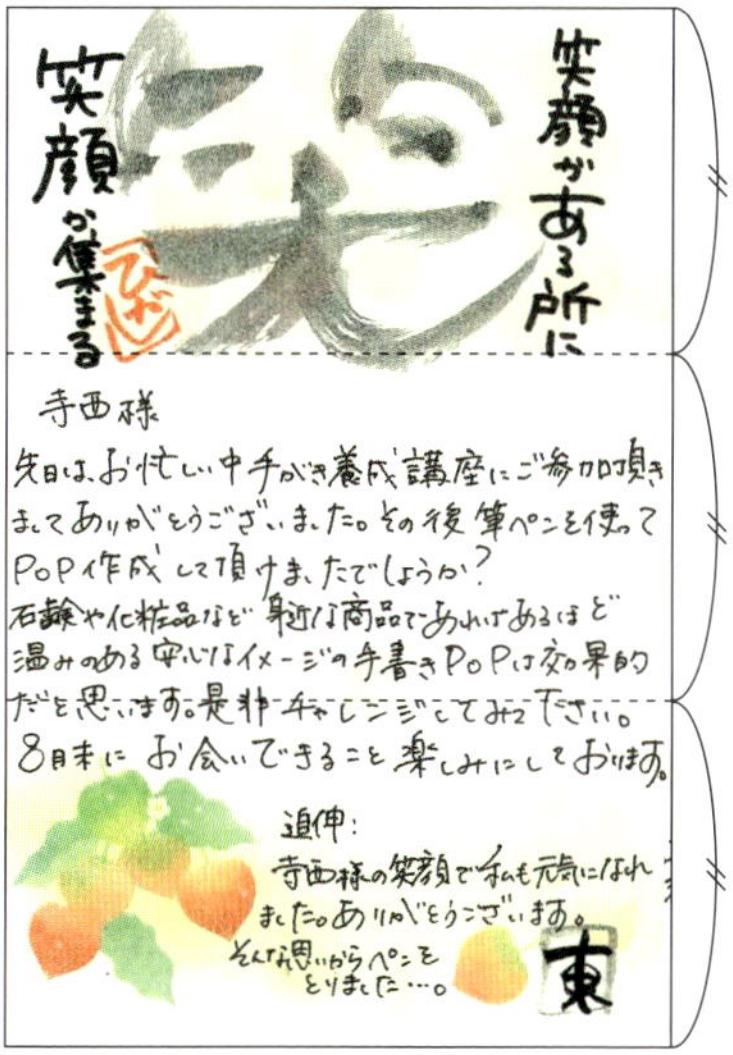

お客様への感謝のメッセージを伝えよう。POPの書き方と同様、キャッチコピーに全体の3分の1を使うと、バランスがとりやすい。

9 5 手配りチラシ

「お楽しみ」を伝えてリピートを促す

「手配りチラシ」は、来店していただいたお客様に、次回来店の際の「お楽しみ」や「特典」をご案内する販促ツールです。ある魚専門店では、週末に行っている「あら汁」サービスを手配りチラシで告知することによって、週末にリピート（再来店）していただくことに成功しています。

手配りチラシに載せたい内容は、次の2つです。

1：次回来店を促す「3つの企画」

たとえば、毎月5のつく日は5％割引がある、**1000円以上お買上の方には抽選がある、といった具体的なサービスを知らせます**。次回にはこんな商品が出ている、といった情報でも構いません。

「今日と違ってここが見どころですよ」という3つのポイントが次回来店までの時間を短縮します。

2：お店をもっと知ってもらえる「3つの小ネタ」

次にメインとなる「3つの企画」ほどではないけれど、プラスで伝えてもいいことを3つ用意します。**改めて定番商品を紹介してもいいですし、今の時期だからこそ伝えたい内容でもいいでしょう**。思いつかない場合は、スタッフ紹介や店舗の歴史でも構いません。「そんなことを誰も知りたくないのでは？」と思う内容ほどピッタリです。メインの企画を盛り立てるために、この情報を載せます。

手配りチラシは縦3分割、横3分割の計9つに分けます。上3分の1にタイトル。中段の3つの四角に、それぞれ3つのメイン企画を当てはめます。1つの四角を、1枚のPOPを書くようにキャッチを入れて書き上げます。3枚のPOPがチラシの真ん中に並んでいるようなイメージです。下段の3つの四角には、3つの小ネタを同様に当てはめます。

A4サイズに縮小すると、上手に仕上がります。

「次回ご来店」は、チラシで実現する

9 5

● 応用パターン

● 基本パターン

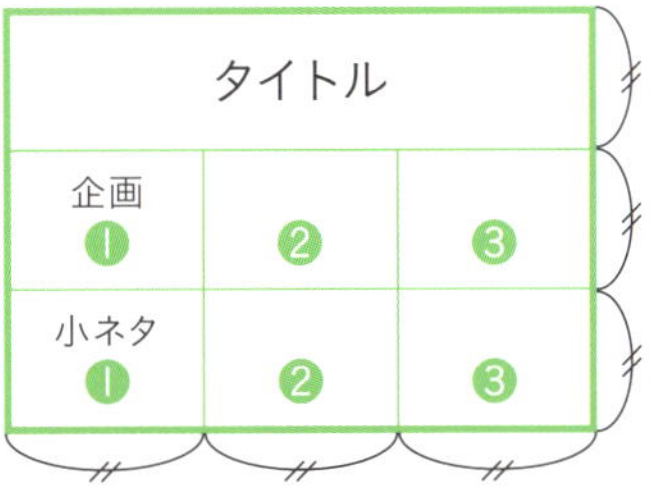

チラシは「タイトル」が大切。キャッチコピーの役割も果たすため、面積の3分の1を使います。その次に「目玉商品」に大きく面積を使おう。

チラシにも、人物イラストと商品イラストを多めに入れよう。片面につき10点以上あると、注目される可能性が1.5倍以上に高まります。
基本パターンのレイアウトをベースにアレンジを加えると、楽しいチラシができ上がる。上3分の1にタイトルを書くレイアウトを守ると、作成しやすいでしょう。

9-6 コンセプトボード

人はわずかなのではないでしょうか。**伝えたい世界を表現する方法は1つだけではありません**。言葉を超えた世界を伝えるのが「コンセプトイメージ」です。

商品のバックグランドを伝える

ある豆腐専門店でのお話です。小さな豆腐工房に併設された店舗で**「どうしたら1丁280円の豆腐が売れるのか?」を考えていました**。そこで取り組んだのが、「価格の理由」「背景にある物語」をボードで伝えることでした。

スーパーで売っている安価な豆腐と何が違うのか? 言葉で伝えると難しくなってしまうので、工房で働く職人の仕事風景を撮影して、ボードにコラージュしたのです。その結果、280円の豆腐は順調に売れるようになりました。

どんなに秀逸なキャッチコピーで表現しても、それだけで自店や商品のよさが伝わる、と感じられる人はわずかなのではないでしょうか。

コンセプトボードをつくるには

準備するものは次の通りです。

- **貼れパネ**:ホームセンターでは大小サイズが揃っていますから、店内の目立つ壁に貼れるサイズを選びます。壁に合わせてカットして使いましょう。
- **製造現場の写真**:作業している人たちの横顔や作り手の写真がいいでしょう。
- **写真の3分の1サイズのカット用紙**:写真サイズに合わせ、それよりも小さなものをご用意ください。

貼れパネに製造現場の写真を自由に貼ります。小さな紙にはキャプションを書き、写真の近くに貼ります。それだけで完成です。

自店のコンセプトやこだわりに共鳴していただけると、高単価でもお客様に納得して買っていただけるでしょう。

自店のこだわりを ビジュアルで伝える

9 6

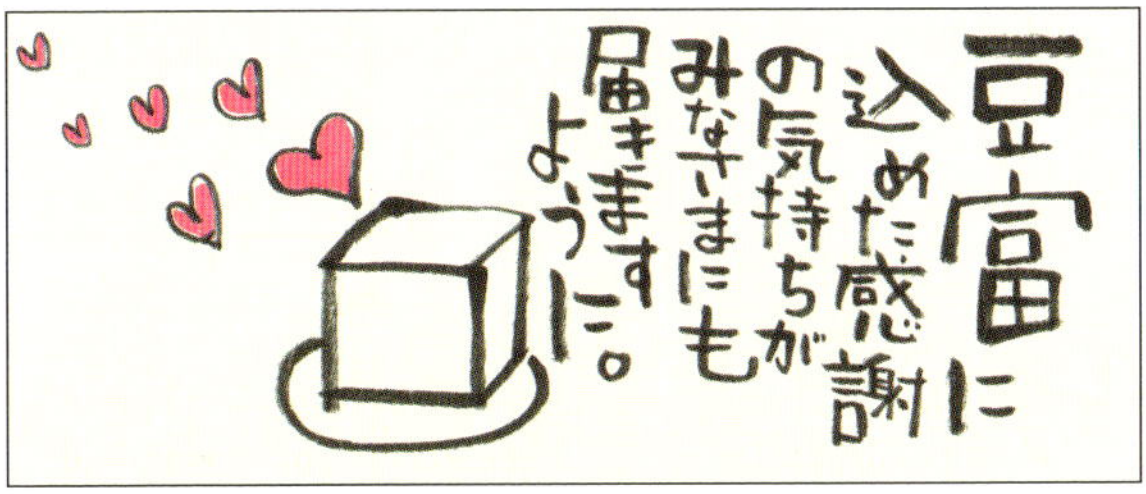

お客様がよくご覧になるショーケースに貼ったメッセージ POP。その商品に込める思いを、ただただ POP にしてあげていい。

お客様に安心を提供できるような「コンセプト」や「ポリシー」はありますか？写真を組み合わせて、それを伝えよう。

9 7

メニューブック

メニューブックもPOPの1つ

飲食店のメニューにも、これまで紹介した手書きPOPのノウハウが使えます。

レイアウトに凝るよりも、**まずはおすすめメニューをPOPにしてください**。際立たせるためには、おすすめメニューの写真やイラストを載せます。

飲食店では、「写真付きのメニューが出る」とよく言われます。味とボリュームが具体的に想像できるからでしょう。**おすすめメニューは、通常のメニューと比べ、文字の大きさ、載せる面積も2倍大きくする**とよいでしょう。

徹底していただきたいことは、「おすすめ」と文字で明示することです。この点が意外に抜け落ちているメニューをよく見かけます。

なんとなく「おすすめ」を伝えようとしているので「おすすめ感」はありますが、そこをキャッチしてくださるお客様ばかりではありません。「おすすめ」と明記することで、文字通り理解していただけます。

「写真やイラストで強調する」「おすすめです、と明記する」この2点を、メニューブックを工夫する際にも取り入れてください。

「プラス1品」のデザートを誘う

メインメニューのほか、ぜひ「デザート」でもこのポイントを押さえてください。**「プラス一品のオーダー」「客単価アップ」につながります**。

特に居酒屋では、デザートを写真なしで紹介しているお店が多いです。デザートこそ写真やイラストを入れて、見た目やボリューム感を伝えましょう。「お口直し用のデザートとしての価値」が明確に伝わり、売上につながります。

9-7 写真・イラスト付きのメニューが一番売れる

● とんかつ屋の例

板前や店主などのイラストを用い、お店の歴史などを紹介するのもよい。

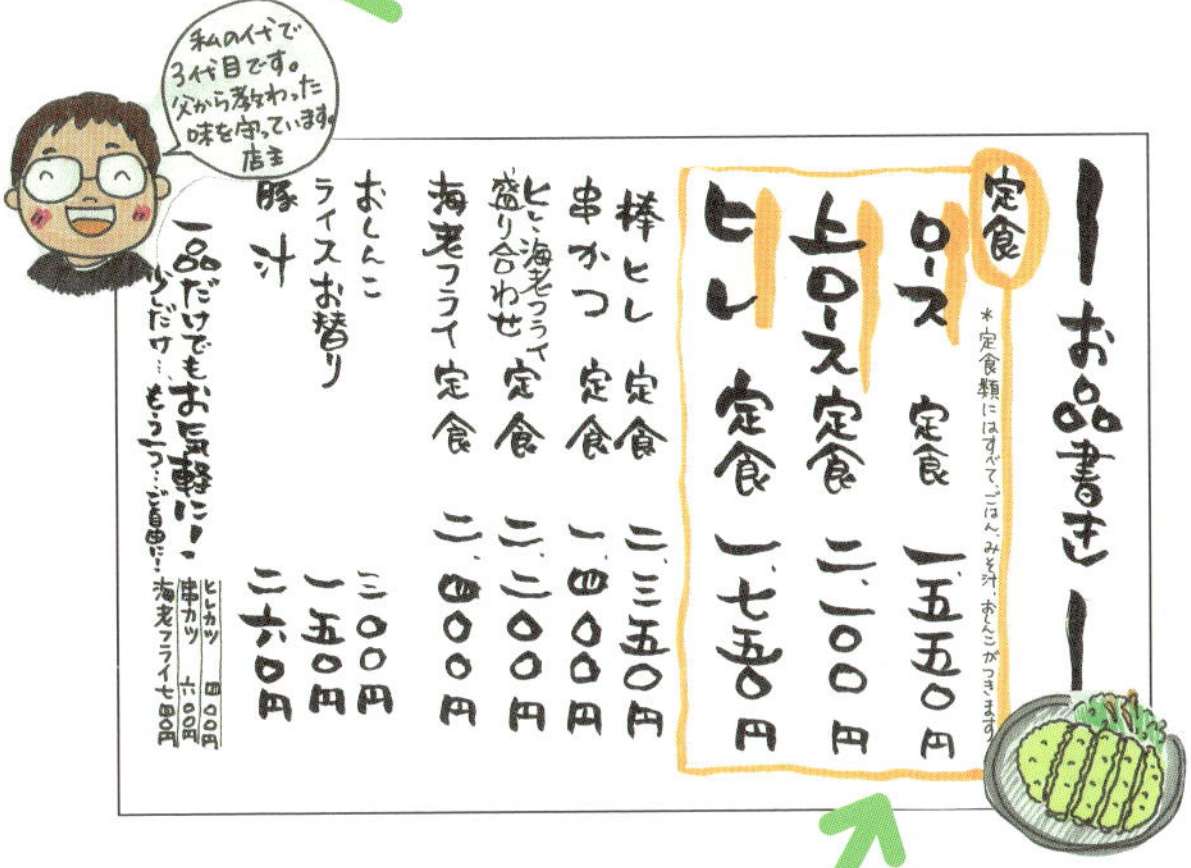

人気メニューは色を替えたり、枠で囲んだり、強調して特別扱いすることで、注目度が高まる。

● イタリアンレストランの例

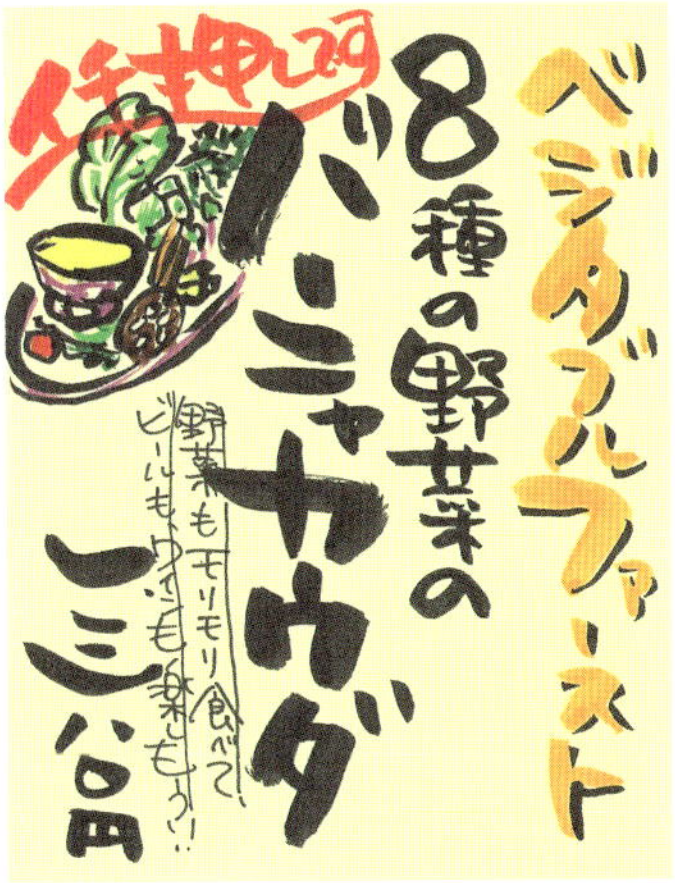

人気メニューを、筆ペンとイラストでダイナミックに仕上げたPOP。壁面に付けると、オーダー率が高まる。

特典

1

もっと売れる！

他業種に学ぶ成功法則

特典

他業種に学ぶ成功法則①

ドラッグストア

色彩の嵐の中でいかに目立つか

ドラッグストアの売り場は、パッケージのカラフルな日用品がひしめき合っています。そんな売り場で目立つ色は「黒」です。黒いマジックを使い、太く大きく読みやすいキャッチを書きましょう。また、黒マジックの文字をより目立たせるには、他の色で文字を縁取ることが有効です。

最強の色の組み合わせは「黒」×「青」。そして、この組み合わせで、ドラッグストアで「売れる」キーワードである「安心・安全」をつくります。

実績勝負！　数字を伝えよう

同じく安心して買ってもらうために、**販売累計個数を「実績」としてPOPに表現します**。

薬機法（旧薬事法）により「〇〇に効く」といった効果を断定する言葉を広告で使うことは禁止されているので、「実績」を伝えるのです。多くのお客様が使っているという実績が、「この商品は間違いない！」といった安心・安全を感じさせます。

他店のPOPをリサーチしよう

バラエティ豊かな商品が揃う店内で目立たせるために、インパクトのあるキャッチが必要です。けれども誇張はいけません。信頼を得ながら、その商品の価値を伝える言葉が売れるカギになります。

メーカーの担当者もPOP例を提示してくれますが、それよりも他店の売り場ではどんなPOPでお客様の心をつかもうとしているのか？　定期的にリサーチすることをおすすめします。「いいな」と思ったキャッチを書き留めておき、実際に使ってみてください。**ドラッグストアの店員や美容部員には、POPに熱心な方が多いので、ぜひ参考にしましょう**。

商品に負けない派手なPOPをつくろう

カラフルな商品群でも目立たせるために「黒」を使う。黒ボードに白、青、黄のペンで書くと目立つ。

「日本一売れている!」と言われれば心は動く。販売実績を伝えることで、背中を押す。

清潔感・誠実さを表す青をうまく使ったPOP。筆ペンで書いたほうが目立つ。

陳列棚の「縁」に貼れるようなキャッチを用意しておくとよい。専門的なPOP文字でなくても、色紙に黒マジックで書けば、しっかり目に入るものがつくれる。

特典

他業種に学ぶ成功法則②

スーパーマーケット

目玉商品を一番目立たせる

卵、豆腐、牛乳は、スーパーの集客ベスト3に入る商品。まず押さえるべきはこれらのPOPです。「大特価」であることを次のように強調してください。

1：「大特価」の文字の面積を大きくとる。
2：価格を赤く大きく書く。88円、55円といった「ぞろ目価格」も魅力的です。
3：A3サイズにチャレンジ！　売り場面積とバランスさせることが前提ですが、この大きさは圧倒的に目立ちます。

今のお客様は割引にも慣れており、売る側としては「割引しても、そこまで安くもないな…」と悩まれるかもしれませんが、気にせず前に出していきましょう。「主婦の買い物の8割は何を買うか決めてない」というデータがあります。「安いから買った」ではなく、**「思わず買ってしまった」という流れをつくる**のも技術の1つです。

「産地」と「献立」で背中を押す

青果・魚コーナーでは、「産地」と「献立」をPOPに書き込みましょう。「産地」は安心・安全の理由になり、「献立」はお客様の購買欲を刺激します。

人によって料理の技術はばらばら。アジを見たときに、誰もが「アジフライ？」「なめろう？」「塩焼き？」と献立が思い浮かぶわけではありません。献立のキーワードをPOPに書いてあげるだけで売れます。もともと何を買うか決めていないので、「あ、いいかも」と買う気になるのです。

献立を書く際は、ウェブでレシピを調べて、献立キーワードをピックアップしましょう。

一品の価値の深掘りにチャレンジ！

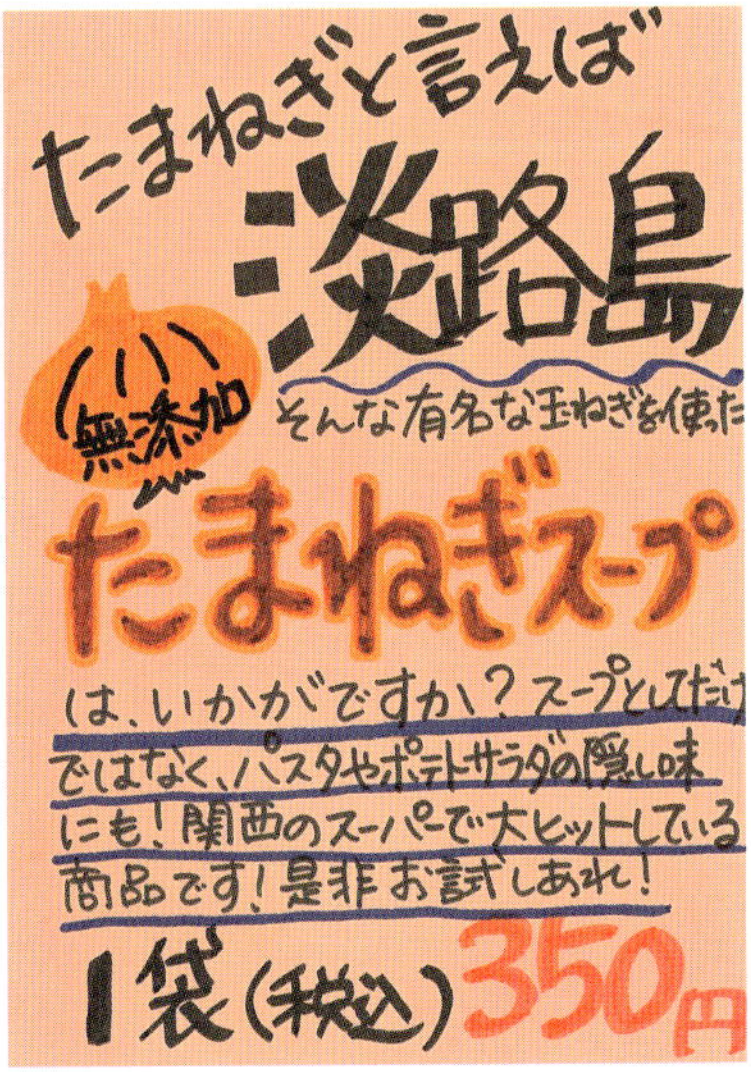

惣菜コーナーの中で、抱き合わせ販売をねらう。産地がブランドになる場合は、迷わず載せる。

「サンふじファンの方」とターゲットを絞り込むことで、「コク」と「風味」を強調している。

特典 他業種に学ぶ成功法則③

菓子店

季節商品はＰＯＰで売れる

菓子店の１番の魅力は季節ごとに替わる商品です。和菓子、洋菓子、袋菓子といったタイプに関係なく、季節の素材を使った菓子が店舗の魅力を高めます。ですから、季節商品のＰＯＰでお客様の心をつかみましょう。

菓子店のＰＯＰで意識したいのは、「書体」と「季節のイラスト」です。**おすすめの書体は、筆ペンで書いた丸文字**。達筆な筆ではなく、筆なのだけれど女子っぽいかわいい雰囲気の筆運びの文字です。この文字に、季節ごとのモチーフを組み合わせることで季節商品を訴求します。

でき上がった**季節商品ＰＯＰは、季節の造花で演出してあげましょう**。春なら桜、夏なら青楓、秋なら栗やもみじ。ひと枝で構いません。ＰＯＰの下に置く、取り囲むように吊るす、といった方法で添えてください。

お客様のギフトニーズに応える

もう１つ菓子店で忘れてはならないのが、**「ギフトニーズ」を提案するＰＯＰ**です。特に「中元」や「歳暮」といった季節ならではのギフトニーズを、文字でしっかり見せます。

言葉で明確に訴求しないと、記憶にも残らないもの。ＰＯＰに描くことで、「この商品は今年のギフトにいいわね」「お中元でギフトを送れるお店なのね」とギフト需要に応える選択肢として自店や商品が記憶に残ります。その他、「快気祝い」「内祝い」といったニーズ。「手土産に」「帰省土産に」といったキャッチも最近よく使われます。

当たり前のニーズを拾い上げ、ＰＯＰに書く。ギフトの強化は、売れる菓子店のセオリーです。

単品を強調したPOPと売り場づくりがポイント

「季節訴求」を行うPOPは、売れる場所（110ページ）で常に展開すると効果的。いつもの雰囲気が変わって、活気が生まれます。

お菓子は、写真やイラストを付けるだけで「おいしそう」に見える。切り抜きPOPを活用しよう。

ギフトは高単価だから、儲かります。ぜひPOPを付けることで、ギフトニーズにつなげましょう。

特典

他業種に学ぶ成功法則④

ベーカリー

人は「焼き立て」に惹かれる

パン屋さんで買う醍醐味の1つは、おいしい「焼き立て」のパンが手に入ることとです。この「焼き立て」をプッシュできるかどうかは、お店の売上にボディーブローのように響いてくる要素なので、ぜひチャレンジしてみましょう。

その際、**「焼き立て」や「できたて」の基準を大きく掲示すること**。「焼き立て」は1時間以内、「でき立て」は2時間以内、といった業界独自のお約束はありますが、できる範囲で整理しましょう。

単なる「あんぱん」の価値を引き出す

パン屋さんの品揃えは、どの店も大きく変わりません。本当にこだわっている最高に美味しいパン屋さんは当然あります。

けれども地元にあるパン屋さんも十分おいしいのではないでしょうか。その「十分おいしい」という世界観を伝えるのにＰＯＰが役立ちます。

たとえば、どこにでもあるような「あんぱん」もここにしかありません。その**オリジナリティをつくるのは、作り手の「バックボーン」と「こだわりポイント」**。その背景には、こんな物語があるかもしれません。

「私どものお店では様々なハンディを持った人も一緒にパンをつくっています。器用にたくさんの量をつくることはできないけれど、丁寧につくることはできます。カスタードから自家炊きです。とてもおいしいです。お試しください」

このストーリーをＰＯＰにするのです（左ページ参照）。クリームパン、メロンパンにも同じ手法が使えます。バックボーンとこだわりを明確にした単品訴求ＰＯＰがパン屋さんでは効果大です。

「焼き立て」と「こだわり」をアピールする

「焼き立て」を伝える POP。

メロンパンの写真を入れた POP。定番商品にも丁寧に説明 POP をつければ、売上が上がります。

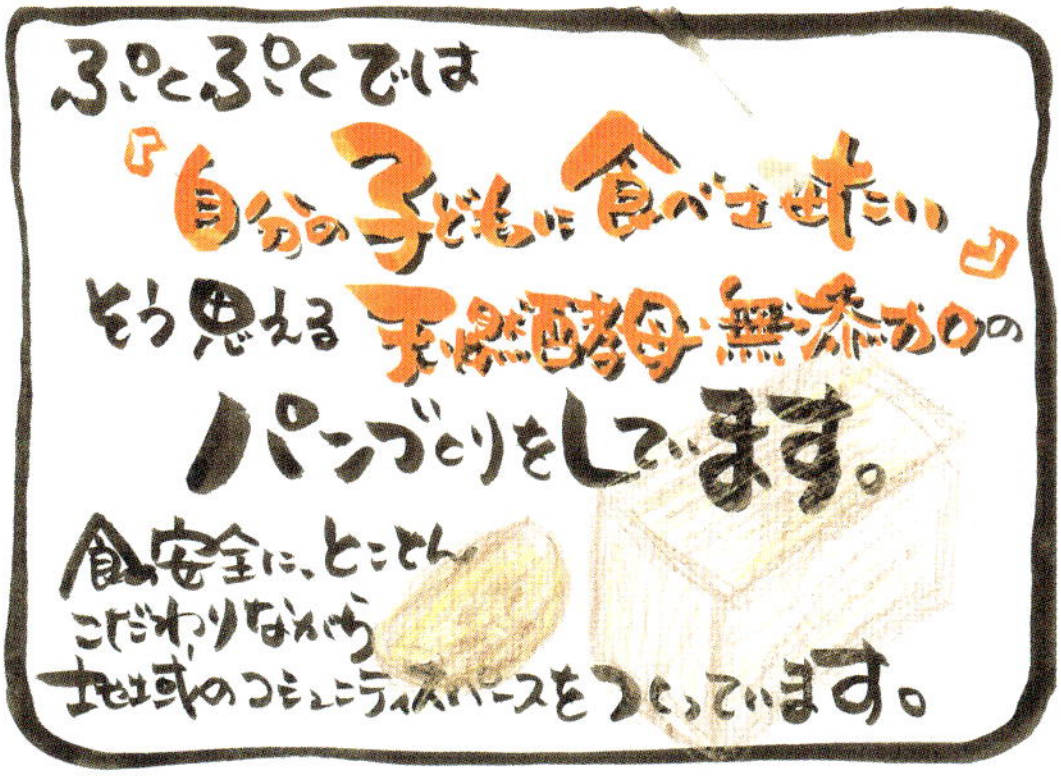

お店のコンセプトを伝える POP。

特典

他業種に学ぶ成功法則⑤

書店

「本屋大賞」受賞作を押さえる

書店で働く方はもちろん、今や一般のお客様にも周知されている**「本屋大賞」**。この言葉が書かれたPOPや販促物を見ると、立ち止まる人も多くいらっしゃいますから、「受賞作」だと知らせるPOPを必ず用意しましょう。その際、「今年度受賞」はもちろん、在庫があれば「2016年度受賞」など、過去にさかのぼって抜かりなく伝えましょう。

テーマがわかると関心が湧く

お客様は、「今、どんな本が人気なのか」を売り場のPOPから理解します。本は物品よりも中身(内容)が想像できません。ジャケ買いという買い方もありますが、たいていは自分が好きなテーマか、いま必要な内容かを、確かめてから買います。だからこそ、「1什器に1商品」は、**本がどんな「テーマ」なのか、どうして「おすすめ」なのか？ その理由がわかるようなPOPを付けます**。

たとえば、こんなキャッチを読むと、細かな内容はわからなくとも、関心が湧いてくるのではないでしょうか。

- とにかく思いっきり泣きたい時に！『君の名は。』
- こんな熱い男がいたんだ！『海賊とよばれた男』
- 好きな武将ランキング№1『真田太平記』

書店に来るお客様は、本を手に取りたくて来ています。お客様の潜在的な興味・関心を刺激するひと言を考えましょう。

ランキングコーナーはつくろう！

それらの本を1か所にまとめランキング化しましょう。面白い本ないかな？ というお客様に「これですよ」と提案できれば、お客様の手は伸びます。

興味・関心を引き出すPOPを並べる

本屋大賞にならい、独自のアワードをつくるのも売れるアイデア

1つの平台で10枚のPOP展開！

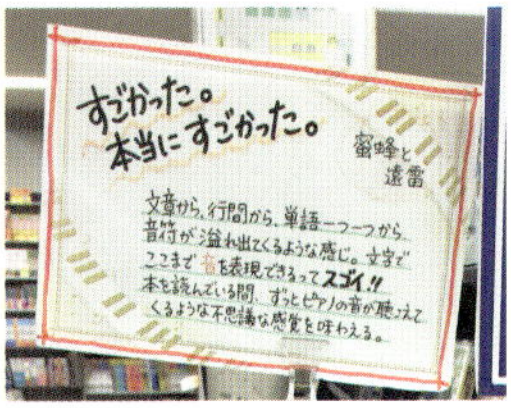

「すごいすごい」って何が？と思わず覗き見したくなるPOP。

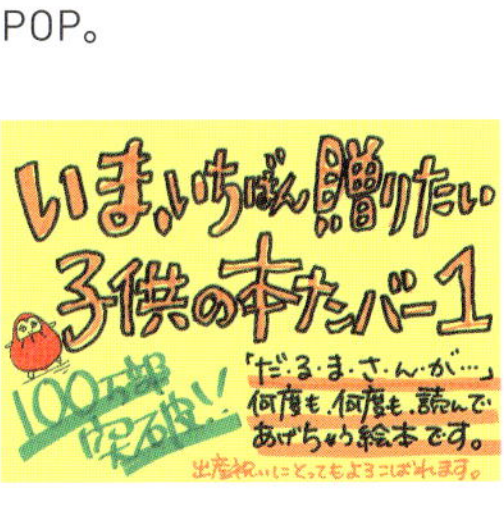

「ジャンル」×「人気」の表示がわかりやすい。

特典

2

そのまま使える！

売れるフレーズ集

特典

売れるフレーズ集

1

「お得感」を伝えるひと言

誰でもすぐに使えるキャッチコピーです。「安さ」を前面に出し、買いたい気持ちを刺激します。

割引でお得感を伝える	
○○%オフ！	○○割引！
お買い得	ギリギリ価格

増量でお得感を伝える	
しかも、今ならプラスワン！	1個買ったらもう1個ついてくる
増量キャンペーン	20% 増量中
3本買ったら1本無料	サイズ 1.5 倍！

キャンペーンでお得感を伝える	
決算セール	閉店セール
大特価	大感謝祭！
全額返金保証キャンペーン実施中	お友達紹介キャンペーン
○○記念セール	先着○○名様　プレゼント

今だけお得感が手に入ることを伝える	
初回限定価格	お1人様1つ限り
今回限りの大特価	期間限定○○プレゼント
夕方だけのお買い得	今期底値

特典

売れるフレーズ集

2

「専門性」を伝えるひと言

店舗や商品が、伝統や特徴のある技術に基づいていることを伝える言葉です。商品の背景に伝統的なキーワードがある場合は、活用していきましょう。

専門性を伝統で伝える	
創業 80 年	13 代目当主がおすすめする
伝統の技術をつかって	伝統の技だからこそ
○○のテクノロジーをつかった○○です	老舗の味をお楽しみください
120 年の伝統を受け継ぎ	○○一筋に歩み続けてきました

専門性を職人の存在で伝える	
25 年のノウハウをお伝えしましょう	専門の○○がつくっています
○○の職人の目利きです	プロの職人だからこそのこだわりです
プロの家具職人がつくる文房具	全スタッフが国家資格○○技能士です

専門性を独自の技術で伝える	
昔の製法を守っています	日本に 3 台しかないマシンを使っています
昔ながらの釜だき製法を守っています	他社にない自社だけの技術「○○製法」使用

特典

売れるフレーズ集

3

「限定感・希少性」を伝えるひと言

希少性が高いと、その商品の価値を現実以上に高く感じます。
商品説明で、「なぜ限定なのか?」「なぜ希少なのか?」という理由を書くと、
その情報への信頼度が高まり、注目率、買上率が高まります。

期間限定	
今だけ	期間限定
季節限定 (春限定・冬限定・秋限定・夏限定)	この季節だけのお楽しみ
オープンキャンペーン	リニューアルオープン記念
このチャンスをお見逃しなく	年に1度の大決算セール

場所限定	
ここだけ	○○店だけ
他では売ってない!	○○エリア限定の非売品です

人限定	
○○カードをお持ちの方に限り	お子様限定
1家族 限定2個まで	1日5名様まで

個数限定	
限定○○個	あと○○個です
1日限定○個	○○本だけ入荷しました
今回が最後です	1000個限りの数量限定です

特典

売れるフレーズ集

4

「意外性」を伝えるひと言

人は自分の予想外のことを聞くと、関心を持ちます。
明るく、楽しいポジティブな表現でまとめてあげましょう。

「想定外」であることでの意外性の伝え方	
予想以上に売れてます	予想を超えて驚いています
もし○○さんが既にはじめていたらどうしますか?	爆発的人気です
意外にも○○に人気です	○○といえば◇◇! 実は…
へぇ…○○だったんだ!	そうか! ○○がいいんだ!

「驚き」で意外性を伝える	
○○も驚く!	驚愕の○○!
実は○○なのです	驚きの○○価格です

ニュース性を伝える	
日本初の○○	初めて実現した○○技術
今季初の○○です	号外! あの大会でも使われた!

特典

売れるフレーズ集

5

「お客様を啓蒙する」ひと言

**お客様の知らない情報を伝えて、
買うべき魅力を備えた商品だということを伝えます。**

「知識」「情報」を伝えてお客様を啓蒙する	
○○といえば◇◇です！	○○には○○な（こんな）意味があるのです！
こんなに世の中は進んでいるのです	とても珍しい○○を使っています
知らない世界が見えてくる	まだ○○使ってるの？

他での実績をふまえてお客様を啓蒙する	
○○に大人気	なくてはならない人気商品
日本で一番使われている○○です	リピーター続出
1度買ったらやめられないみたいです	もう、これなしではいられない

「呼びかけ」でニュース性を伝える	
ご存じでしたか？	え！　○○でないの？
え？　聞いたことない？	もうご存じですよね？　○○です
○○にお悩みの方！　朗報です！	いつか独立を！と思っているあなたへ

特典

売れるフレーズ集

6

「人気」を伝えるひと言

商品の人気度を伝える言葉です。
数字で実績を表すことで情報の信ぴょう性がより高まります。

「実績」で人気を伝える

当店人気ナンバー１！	売上ナンバー１！
○○も大注目	○○（スタッフ・お客様）人気ナンバー１！
なんと！○○日間で○○個売れた！	上半期売上ナンバー１！人気大爆発！
3年連続ナンバー１！	日本一（世界一）の○○

「ランキング」で人気を伝える

○○（人の属性）人気ナンバー２	売上○位
○○（カテゴリー）ランキング第○位！	○○ランキング常連

「愛用者」を具体的に出して人気を伝える

女子校生の中で大人気！	○○で大人気！
○○さんも大絶賛	○○も愛用！　大ブレイク必至！

「メディア露出」を出して人気を伝える

あの○○でも紹介されました	○○新聞朝刊に掲載
○○放送「番組○○」で特集されました	本日○○で特集されます

特典

売れるフレーズ集

7

「おいしさ」を伝えるひと言

食品関係の方は、このおいしさを表現する言葉をレパートリーとして知っておくと便利です。特に「食感」を表す言葉は、どの世代にも喜ばれます。積極的に使ってください。

年代別　効果的なおいしさを表現する言葉	
【20代向け】 甘い、スイート、ふわふわ	【30代向け】 クリーミー、濃厚な、とろける
【40代向け】 無添加、ヘルシー、とろーり	【50代向け】 朝取り、もぎたて、まろやかな、体にやさしい、旬

「味わい」でおいしさを表現する	
うまみのある	コクがある
濃厚な	香ばしい

「食感」でおいしさを表現する	
もちもち	ジューシー
もっちり	サクサク

「情報」でおいしさを表現する	
揚げ立て	焼き立て
炊き立て	季節限定の〇〇
新鮮な〇〇	絶品です
旬の〇〇を使っています	プレミアム〇〇
ぜいたくな〇〇	でき立てです

特典

売れるフレーズ集

8

「手軽さ」を伝えるひと言

幅広い商品でよく使われるキャッチコピーです。
楽さ、便利さを伝えることで商品の魅力が伝わります。

短時間でできると伝える	
箱から出してすぐ使える	すぐできる！　すぐ終わる！
あっという間に○○	3分でできる
帰って（届いて）すぐに使える	忙しいママの応援団
アッという間にきく	理想の○○に明日出会えます

手間がかからないことを伝える	
楽々○○！	○○でらくちん生活！
手ぶらでOK	揃えるのは○○だけ
○○だけ用意すればすぐできる	組み立てサービスあります
小学生でもつくれる	手が汚れない
着替えなくても大丈夫	子どもでも使える○○

特典

売れるフレーズ集

9

「美しさ・清潔さ」を伝えるひと言

特に、美容や健康関連商品で有効な言葉です。
特に女性に向けて「美」が手に入ることを前面に出してあげると
効果抜群です。

「擬態語」で美しさ・清潔さを伝える	
キラキラ見える！	いつもぴっかぴか
ふんわりいい匂い	キラキラ輝く○○
サラサラ美しい髪！	べたつかない○○
つやつや○○にときめく！	理想のぷるるん肌に

「心から感じる」美しさ・清潔さを伝える	
驚きの美しさ！	起きてびっくり○○の効果
「あれ？化粧変えた？」と 言われること間違いなし	とっても素敵です！
きれいってうれしい！　幸せ！	「ママかわいい」 言われること間違いなし
そうじ下手さんも大丈夫！ 美しい我が家に！	きれいな○○って憧れる
女どうしでも憧れるはず	その美しさ！　罪かも！

特典

売れるフレーズ集

10

「ユーモア」を伝えるひと言

読んで思わず「ぷっ」と笑ってしまうようなフレーズを考えられると POP が伝える世界が大きく広がります。その時々の流行りのフレーズを使ってみてもいいでしょう。

「ユーモア」で楽しさを伝える	
え?〇〇を知らない?	驚きの〇〇活用法!
こんな使い方があったんだ!	ニヤニヤ笑いがとまらない!
きっと後悔しないはず	〇〇な人はご遠慮ください
〇〇なパパは必見!	今まで悩んできたのはなんだったの?!
だまされたと思って〇〇してみてください	〇〇〇〇嘘つきません!
「そんなうまい話なんてない!」そう思っているあなた	気持ちよすぎて戻ってこれないかも?!

「世の中の言葉」「詩」をつかって伝える	
行けばわかるさ!〇〇	元気があれば、何でもできる!
幸せはいつも自分の心が決める	「プレミアムフライデー」だし!

特典

3

さらに上達！

手書き文字練習帖

特典

筆文字の書き方、五十音表の使い方

STEP 1

筆ペンを持つ

筆ペンを通常のペンを持つときと同じように、しっかり握ります。その際、筆ペンを持つ手が机から離れないように注意してください。

STEP 2

頭でっかちで書いてみる

ひらがなの五十音を書いてみます。逆三角形の中に１つの文字が入るよう書いてみます。「頭でっかち」で「足元すぼまり」の文字を書きます。通常の文字よりもアンバランスだからこそ、注目度が高まる、かわいらしい雰囲気の文字です。

STEP 3

五十音表を使い「頭でっかち」をマスター

慣れないときは、見本の五十音表（ダウンロード特典）の上に紙を載せ、透けた文字をなぞりながら、「頭でっかち」のバランスや特徴を体感していくとよいでしょう。

STEP 4

五十音表を使い「強弱」をマスター

「頭でっかち」ができるようになったら、筆ペンのやわらかさを活かし、文字に強弱をつけます。最初の一画目は力を入れて太く書き、二画目以降は力を抜いて細く書きます。これによってより印象的な文字が書けるようになります。

STEP 5

漢字・カタカナ・アルファベットにも挑戦

ひらがなと同様、漢字、カタカナ、アルファベットも「頭でっかち」で書きます。ひらがなは「逆三角」でしたが、これらは「逆台形」の中に収まるよう書いていくとうまくバランスがとれます。一画目を強く、太く、二画目以降は弱く、細くといった強弱も忘れず取り入れていきましょう。

練習すればするほど、上手になります。
楽しみながら筆ペンに慣れていきましょう。

特典

ひらがなを書くときのポイント

一画目（もしくは出だし）を太く、強く。二画目以降（もしくは後半）は細く、弱く、と強弱をつけて書くと、印象的な筆文字になります。

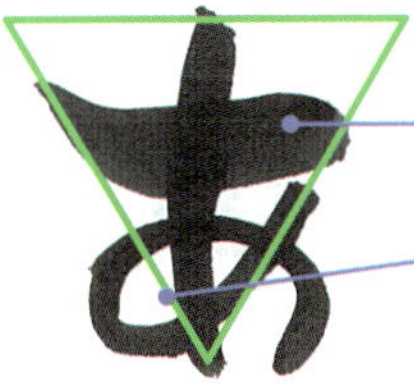

①一画目を太く。頭でっかちに長めに
②二画目以降は細めに
③文字の中の空間をしっかり残す

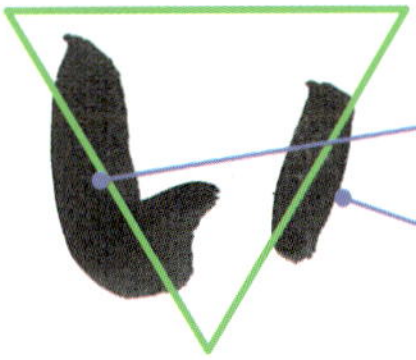

①一画目は太く
②「はね」ははねすぎず、最後まで丁寧に書く
③二画目は細く

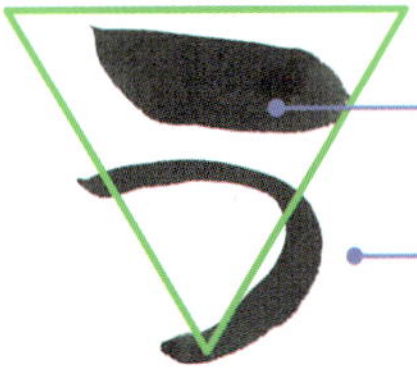

①一画目は太く。頭でっかちに長めに
②二画目は細く
③曲線はいつもより丸く

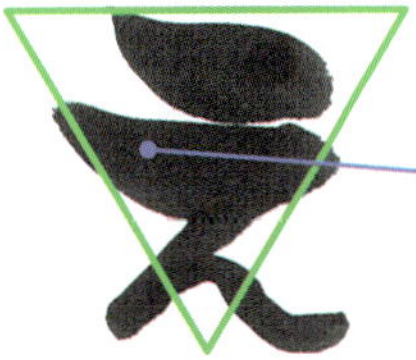

①一画目は太く。頭でっかちに長めに
②二画目が複雑な動きの場合、最初は太く後になるにつれて細く仕上げる

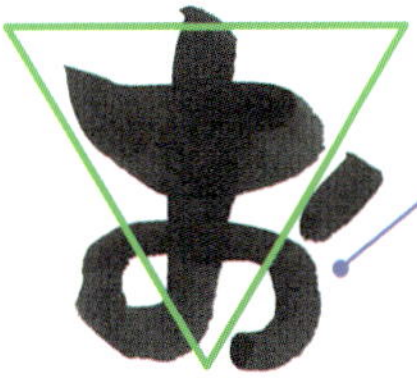

①一画目は太く。頭でっかちに長めに
②二画目が複雑な動きの場合、最初は太く。後になるにつれて細く仕上げる
③文字の中の空間をしっかり残す
④最後の点は外向きではなく、内向きに

特典

数字を書くときのポイント

**筆文字で数字を書くときは、太目にしっかり、
斜めにせず、垂直に仕上げましょう。また、中の白い空間がつぶれると
読みにくくなるため、注意しましょう。**

垂直に太い線で仕上げましょう

曲線を丸をイメージし、太く仕上げる。最後の横線は若干力を抜き、細くしましょう

最初は太く、強く筆を押し付け、丸をイメージしながら曲線を。最後の曲線は力を抜いて細くしましょう

一画目は太く。二画目は細く仕上げましょう

一画目は太く。曲線は丸をイメージし、最後まで丁寧に。二画目は細めに仕上げる

最初は太く、最後は細めに。力を抜きながら書く

一画目、二画目の最初は太く、強く。終わりに近づくにつれて細く仕上げる

左半分と右半分と分けて書くことで、対称に近い形に仕上げる

最初の丸を平たい丸に書き、細い縦線を足す

右側の「0」は「8」と同様に左半分、右半分と分けて書き、左右対称に仕上げる

特典

「手書き文字練習帖」五十音表の見本 ダウンロード方法

お持ちのパソコンより、
こちらのアドレスバーにURLを入力してください

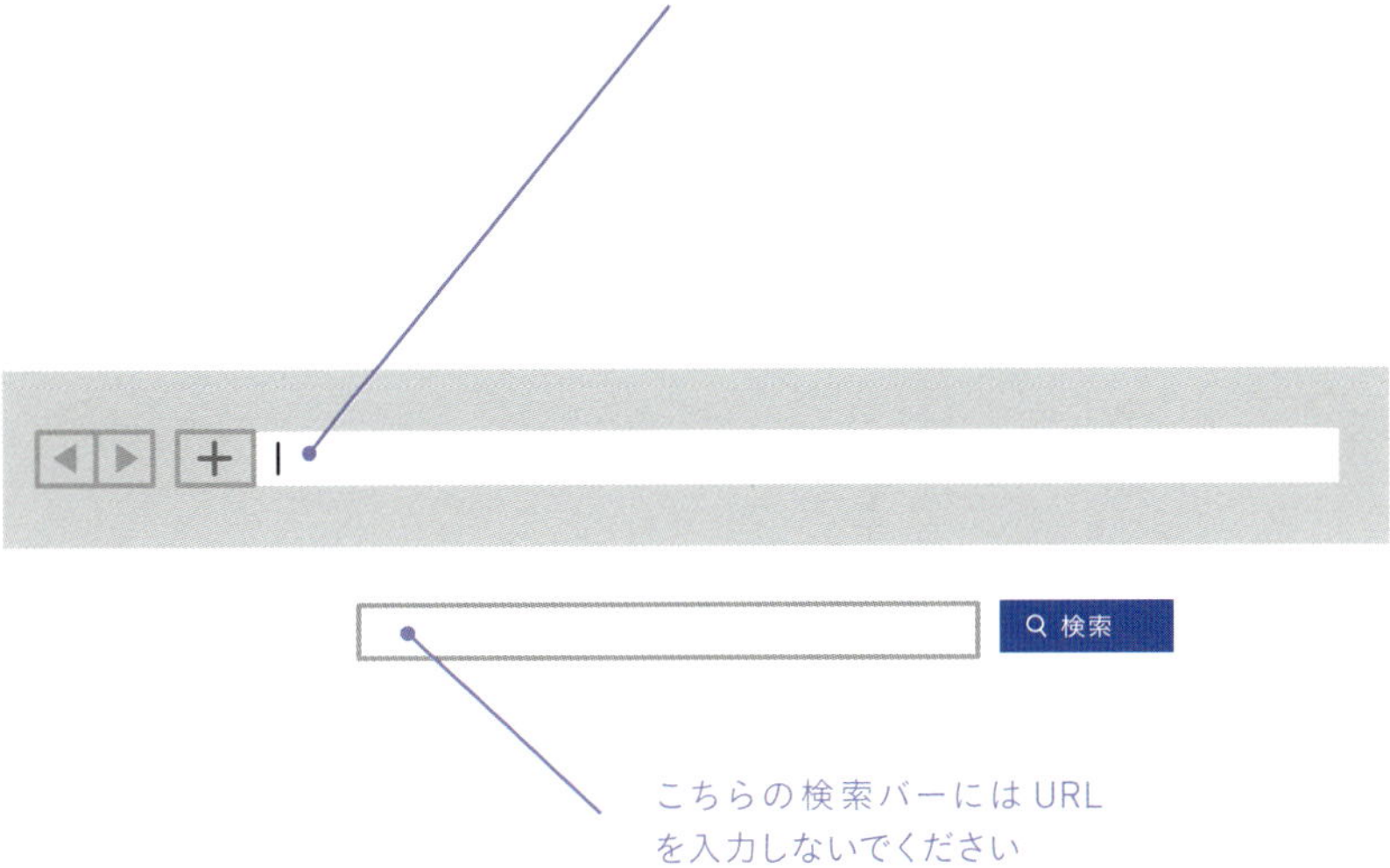
検索
こちらの検索バーにはURL
を入力しないでください

特典

URL

https://kanki-pub.co.jp/pages/uriagetegaki/

あとがき

本書はいかがでしたでしょうか。

「これなら自分もやれるかな」
「やってみようかな」

そう思っていただいた方は、ぜひこの瞬間に本を片手に、ペンを手に取ってください。

私は、ＰＯＰを使って売上アップや現場スタッフの支援に長年取り組んできました。売れるという結果はもちろん、現場スタッフが笑顔でワクワク仕事に向かっている姿を見るときが一番うれしい瞬間です。

現場スタッフの多くはこのようなことを思っています。

「目の前の商品の良さを、もっとお客様に伝えられたらいいのだけれど、どうしたらいいかわからない」

「POPを書こうと思うのだけれど、何から動いたらいいかわからない」

ちょっとしたやり方を知るだけで動けるってあります。そこから世界は変わるということを現場の皆さんで感じていただきたいです。

お店づくりには波があります。

とにかくPOPをべたべた付けてがんばる時期、POPの効果を吟味し必要なPOPだけを付ける時期。

店舗の今がどんなエネルギーを必要としているのか？　それに応じてPOPをつくっていきましょう。

力のあるPOPを付ければ売れます。

そして、売れるまでのプロセスをがんばることが現場の仕事です。その時々、できることに気持ちを込めて取り組んでいきましょう。

単なるPOPですが、されどPOP。

POPを通じて見たい現実を創り出しましょう。必ずほしい現実が店舗にも、人にも表れていくはずです。そんな現実をみんなで見に行きましょう！

最後になりましたが、本書の執筆に協力していただいた方々に、この場を借りて御礼申し上げます。

パレットの高橋寛社長、みつえさん、福田さん、たくさんの協力をありがとうございました。おづつみ園の小堤宏社長、別所さん。新緑園の黒木信吾社長、京子さん。つむぎやの土田康太さん。精文堂の森田精一郎さん、晴彦さん。とちぎ屋の亀田勝社長。町の駅のみなさん。ソレイユの皆さん。うずのくに様。昆布館様。たまごの郷の大柿純一社長。嵙々温泉のひろゆきさん。みやぎのあられのみちよちゃん。蜂屋食品の蜂屋社長。フルーツルーツの榎戸社長。うぶこっこ家の野田社長。本当に、本当にありがとうございました。（順不同、敬称略）

これからもワクワク、ドキドキ現場スタッフの心をひとつにＰＯＰをつくっていきましょう。

そして、本書の制作の機会をつくっていただいたかんき出版の米田寛司さん、本当にありがとうございました。遅筆であり、感覚的な私に知的、冷静に、適格にアドバイスをくれ、辛抱強くお付き合いをいただきました。本書を制作するにあたって「売れるＰＯＰってすごい」とあらためて私自身が見つめるに至りました。

「売れるＰＯＰ」のノウハウ、そしてその考え方、向き合うあり方が多くのみなさんのもとに届きますように、心から願っています。

井口裕子

【著者紹介】

井口　裕子（いぐち・ゆうこ）

◉——Eリソースセンター株式会社 経営コンサルタント。組織開発ファシリテーター。1999年、株式会社船井総合研究所へ入社。以来、16年間にわたり、菓子店、茶店、パン屋をはじめとする食品専門店やホームセンター、スーパー、カー用品店などの店舗開発や活性化コンサルティングを行う。コンサルティング、セミナー、講演などを通して、これまで2000店舗以上、延べ3000人以上の現場スタッフを支援。なかでも、現場に今ある「商品」と「人」の「強みを活かしたリニューアル策」には定評があり、クライアントからは、「店舗売上が2倍になりました」（お茶専門店）、「季節商品の売上が7倍になりました」（菓子専門店）、「看板商品の売上が3倍になりました」（ベーカリー専門店）など、反響が大きい。地方自治体、商工会議所、中小企業団体での研修、講演実績も多数。2016年に独立し、現職に就く。

◉——現在は、売上を伸ばすための具体的な実践方法はもちろん、人のあり方や内面から見つめ直すコンサルティング支援、研修を実施している。クライアントからは、「笑顔があふれる！」「やる気を取り戻せた！」と好評を得ている。

●お問い合わせ先（POP研修、店長研修、リーダー研修、モチベーションアップ研修など）
ホームページ　http://urerupop.com
メール　urerupop@gmail.com

売上《うりあげ》が伸《の》びる手書《てが》きPOP　〈検印廃止〉

2017年8月7日　第1刷発行
2022年4月14日　第7刷発行

著　者——井口　裕子
発行者——齊藤　龍男
発行所——株式会社かんき出版
東京都千代田区麹町4-1-4 西脇ビル　〒102-0083
電話　営業部：03(3262)8011㈹　編集部：03(3262)8012㈹
FAX　03(3234)4421　振替　00100-2-62304
http://www.kanki-pub.co.jp/

印刷所——シナノ書籍印刷株式会社

ISBN978-4-7612-7276-0 C0034

かんき出版の好評既刊

楽に売上をつくるための頑張りどころが分かる！
やりがいを持って仕事に取り組めるようになる！
スタッフの力を上手に借りられるようになる！

『売れる店長の全技術』

丹羽英之著

定価：本体 1500＋税